中國新股

詢價制下IPO定價相關問題研究

張 劍 著

崧燁文化

摘 要

　　隨著中國國民經濟的高速發展，各項政治、經濟制度改革的不斷深入，證券市場在中國金融體系中扮演著越來越重要的角色。2004 年中小板的開板、2009 年創業板的推出，都極大地擴充和完善了中國直接融資市場的融資規模與融資渠道。截至 2013 年年底，滬深兩市總市值達 23.76 萬億元，合計擁有上市公司 2,469 家，其中主板 1,413 家、中小板 701 家、創業板 355 家。中國證券市場從創立至今經歷了短短 20 余年的發展，而新股發行制度卻在 20 余年間經歷了從行政色彩濃厚的審批制，到證監會發審委審核的核准制再到目前採取的以市場作為配置金融資源主體的詢價制三個階段，其間大小改革多達 9 次。新股發行機制與定價效率相關問題一直是金融學理論和實證研究的熱點，與此同時也是市場改革的難點。針對新股發行定價制度與定價效率的問題，國內外學者已經進行了廣泛的理論和實證研究，給出了一系列理論假說與實證結果。20 余年來中國新股發行制度改革不斷向市場化方向前進，特別是 2005 年 1 月 1 日確立的詢價制新股發行定價制度，標志著中國 IPO 市場化改革進入了嶄新的階段。在新股發行採取詢價制的大背景下，筆者欲對 IPO 定價相關問題進行系統研究。

　　筆者在回顧國內外文獻的基礎上，期望對以下幾個問題進行深入探討：

　　（1）2010 年 11 月 1 日實施的《證券發行與承銷管理辦法》及《關於深化新股發行體制改革的指導意見》對網下超額申購分配方式進行了重大調整，取消了原有超額申購在所有有效報價投資者間平均配售的規定。此

次分配機制改革能否提升 IPO 定價效率，降低 IPO 首日發行抑價是本書探討的第一個問題。

(2) 新股發行詢價制的核心是發行人委託承銷商收集並分析投資者申購報價信息，同時綜合各方因素確定新股發行價格的過程。承銷商利用自主分配權對異質性投資者分配不同數量的新股，目的在於激勵參與詢價的投資者如實傳遞其擁有的信息。在中國新股發行詢價制度下，機構投資者作為最重要的市場參與主體，其在一級市場的具體申購報價行為將如何影響 IPO 定價？2012 年 5 月證監會頒布並實施的《證券發行與承銷管理辦法》及《關於進一步深化新股發行體制改革的指導意見》大幅度提高了網下機構投資者配售比例，同時取消了網下配股原有的 3 個月鎖定期。此次發行制度改革將如何影響詢價對象的申購報價行為是本書探討的第二個問題。

(3) 詢價制下新股發行過程中包含三個關於新股價格的變量：無法觀測到的新股內在價格、一級市場新股發行價格以及二級市場首日收盤價格。文獻中通常使用首日收盤價和新股發行價構建 IPO 抑價率以衡量新股發行效率。西方經典文獻基於有效市場基本假設，認為新股二級市場首日收盤價能夠充分反應市場各方面信息，因此使用首日收盤價構建的 IPO 抑價率來衡量發行效率是合理的。而大量國內文獻實證表明中國二級市場並未達到弱勢有效，網下詢價對象和二級市場散戶投資者可能對新股的價值判斷方式存在顯著差異，簡單地使用首日收盤價計算出的 IPO 抑價率可能會過高估計二級市場首日散戶投資者非理性情緒（sentiment）對 IPO 定價效率的影響。因此本章研究了在詢價制下，中國新股發行一級市場定價效率是否達到充分有效；詢價制階段，證監會進行的三次發行制度改革及配套的「窗口指導」政策對一級市場定價效率將產生何種影響；詢價制下，哪些因素將最終導致新股首日「破發」是本書期望探討的第三大問題。

(4) 風險投資作為產業創新與金融創新相結合的金融仲介，近年來在

中國證券市場蓬勃發展，尤其是中小板與創業板推出之后，大量風險投資機構出現在上市公司股東名單之中。風險投資對擬上市公司的股權投資行為如何影響該公司 IPO 定價效率；風險投資對公司投資的時間長短、投資參股比例的大小以及風險投資機構的聲譽狀況等因素將如何影響被投資公司 IPO 發行定價效率；風險投資持股鎖定期結束時，二級市場股票價格將發生何種變化是本書探討的第四個問題。

為了回答上述四個問題，本書結合中國詢價機制的實際情況，利用資本市場的公開數據，並通過手工收集整理投資者詢價階段詳細報價數據、風險投資相關數據，使用多種計量經濟研究方法力求得到更為穩健的實證結果。具體章節安排如下：

第一章：導論。本章簡明介紹了本書的研究背景及研究意義，並勾勒出本書的研究邏輯結構和主要研究內容及相關研究方法，並介紹了本書的主要學術貢獻。

第二章：新股發行制度回顧與現行新股發行流程。本章簡要回顧了中國新股發行制度經歷的三大階段，介紹了每個階段內特定的新股發行方式，全面描述了詢價制下新股發行上市的具體流程。

第三章：文獻綜述。本章集中回顧了國內外相關研究文獻，梳理了 IPO 相關研究的理論脈絡，歸納了研究方法及研究結果，在分析現有文獻不足的基礎上，尋找本書研究的切入點。

第四章：分配機制改革與新股發行效率。本章利用了 2009—2011 年主板、中小板和創業板的 IPO 相關數據，構建了新股分配制度改革的自然實驗過程，使用雙重差分模型（DID）消除了不同板塊之間由於不可觀測的異質性所導致的內生性問題，考察了新股發行詢價制度第二階段分配機制改革對新股發行定價效率產生的影響，並指出進一步完善承銷商自主配售權是未來發行制度改革的方向。實證結果表明，在控制不同板塊異質性條件下，第二階段分配機制改革取消超額申購平均配售有助於提升中小板

IPO 發行定價效率，而對創業板沒有產生顯著影響。二級市場「爆炒」創業板新股的非理性情緒可能是影響創業板 IPO 定價效率的重要因素。

第五章：詢價機構報價行為與新股發行效率。本章基於 2010 年 11 月至 2012 年 10 月，中國 A 股 463 家 IPO 公司，443 家詢價對象共 45,630 組詳細報價與申購的微觀數據，使用描述統計及方差分析對參與新股申購過程中詢價對象報價行為特徵進行了刻畫；利用詢價階段詳細報價數據，構建了信息優勢與信息劣勢詢價對象平均報價之差代理變量，使用普通最小二乘法對詢價制下 A 股市場是否存在「贏者詛咒」假說進行了檢驗；利用詢價階段詳細報價數據，構建了三個衡量機構投資者審慎報價的代理變量，實證檢驗了第三階段發行制度改革對詢價對象的報價行為的影響。實證結果表明：信息優勢的詢價對象與信息劣勢詢價對象報價均值之差與網下超額申購倍數成正比，網下超額申購倍數越高，信息優劣投資者平均報價之差越大，從而直接驗證了「贏者詛咒」假說；2012 年 5 月實施的增大網下新股配售比例與取消網下機構投資者配股鎖定期等相關發行制度改革，顯著提高了詢價對象報價的審慎程度；二級市場氛圍仍是影響中國新股發行定價效率的重要因素。

第六章：詢價制下新股發行效率的隨機前沿分析。本章以 2006 年 6 月至 2012 年 11 月間中小板 647 家 IPO 公司為研究樣本，使用隨機前沿分析模型對新股發行一級市場定價效率作出了實證檢驗。實證結果表明，對全體樣本而言，中國詢價制下新股一級市場存在人為壓低發行價格的現象，新股發行價格低於隨機前沿邊界；詢價制下三次發行制度改革對新股一級市場定價有顯著影響。2009 年 6 月第一次改革前以及 2012 年 5 月第三次改革後，由於證監會對新股價格進行了「窗口指導」，導致一級市場存在故意壓價現象，新股一級市場定價非完全有效。二級市場低迷氛圍導致首日收盤價偏低是新股破發的主要原因。

第七章：風險投資參股與新股發行效率。本章以 2009—2012 年間中國

中小板與創業板上市公司為研究樣本，使用傾向得分配比（propensity score matching）與事件研究（events study）方法考察了風險投資參股、風險投資聲望對股票發行定價效率的影響，檢驗了風險投資參股股票鎖定期解除前后顯著的量價效應。實證結果表明，在本章研究樣本中，風險投資並不具備「認證效應」與「逐名效應」；而在鎖定期解除后，風險投資參股的上市公司股票在二級市場的異常成交量與異常收益率更為顯著；同時風險投資機構的累計投資收益率與解禁期股票的異常收益率存在負相關關係。

第八章：研究結論與未來研究展望。本章對全書主要研究結論進行了總結，在此基礎上探討了未來可能的研究內容。

本書的創新主要體現在以下幾個方面：

（1）使用雙重差分模型（DID）考察了2010年新股發行制度改革可能的政策效果。由於新政策僅對中小板和創業板定價分配制度產生影響，並不涉及主板市場，可將該政策變更視為一個近似的自然實驗（natural experiment）；將創業板和中小板市場作為「處理組（treatment group）」，主板市場作為「控制組（control group）」，使用雙重差分模型考察該政策變化對新股發行定價效率的影響。該方法在經濟學領域已得到廣泛應用，而用於分析中國IPO定價效率尚屬首次。採用雙重差分模型通過「控制組」與「處理組」在政策變化前后的差分，消除不可觀測的異質性，從而得到更為穩健的政策評估結論。

（2）首次以手工收集整理的2010年11月至2012年10月，中國A股463家IPO公司，443家詢價對象共45,630組詳細報價與申購的微觀數據為研究樣本，實證分析了不同類別、不同區域、不同聲望詢價對象的報價特徵；首次使用詢價階段機構投資者詳細微觀報價數據，通過構建信息優劣投資者報價均值之差代理變量，直接檢驗了Rock（1986）「贏者詛咒」假說；實證檢驗了2012年5月實施的第三次新股發行制度改革對機構投資者報價行為的影響。

（3）依據新股發行詢價制階段三次重要發行制度改革，將詢價制分為四個階段，利用隨機前沿分析（Stochastic frontier analysis）模型對四個階段新股一級市場定價效率進行了實證研究；考察了證監會對新股發行價「窗口指導」政策與一級市場定價效率的關係，並實證檢驗了詢價制下新股破發的影響因素。

（4）本書將研究樣本擴展到642個，有效改善了以往研究中由於樣本數量不足可能導致的結論不穩健問題。使用傾向值配比（PSM）的實證方法，有效處理了風險投資機構與被投資公司的內生性選擇（heterogeneous choice）問題。在配比變量的選擇上，考慮到理論無法給出明確的配比關係，本書由簡至繁給出了三類配比變量，使得配比後的研究結果更為穩健。通過實證檢驗得到了新的結論：風險投資支持的公司與無風險投資支持的公司在IPO抑價率上沒有顯著差異；在擁有風險投資支持的子樣本中，風險投資機構的聲望並不對風險投資參股公司的IPO抑價率產生顯著影響。與此同時，本書首次對風險投資參股公司IPO鎖定期解除效應進行了實證分析。

關鍵詞：詢價制度改革；IPO定價；詢價對象；隨機前沿分析；風險投資

Abstract

With the rapid development of China's national economy as well as the continual deepening of the reform of all political and economic systems, security market is playing a more and more important role in financial system of China. The opening of small and medium enterprise board in 2004 and establishment of growth enterprise market in 2009 both enrich and perfect the scale and channel of direct financing market of China. By the end of 2013, the total value of stock markets of Shanghai and Shenzhen were reported to be 23.76 trillion yuan, and there were a total of 2,469 public companies, including 1,413 listed on the main board, 701 listed on the small and medium enterprise board and 355 on the growth enterprise market. The stock market of China has been established for only more than two decades, but the new share issuance system has undergone three steps and nine reforms. The three steps are the examination approval system with heavy administrative color, approval system of the issuance examination system of China Securities Regulatory Commission and the present enquiry system with the market leading the resource allocation. The new share issuing mechanism and pricing efficiency have been the hot issue in the theoretical and empirical research. In the meantime, they are also the difficulty in the market reform. About the pricing system and pricing efficiency of the new share issuance, the researchers at home and abroad have conducted vast theoretical and empirical researches, and gained a series of theoretical hypotheses and empirical results. However, the real world is far complicated than the financial theory. All theories are the abstract of the real world, and all demonstrations are based on certain hypotheses. The reform of China's new share issuance system becomes more and more market-oriented. In particular, the establishment of enquiry system of the new share issuance in January 1st, 2005 became an important milestone in China's IPO market reform. Under the background of the new share issuance system, this paper conducts the study on the issues concerning IPO pricing.

The author, based on reviewing the domestic and foreign literature, expects to discuss the following issues:

(1) The Measure for the Administration of Securities Issuance, and Underwriting and Instructions about Deepening the Reform of New Share Issuance System, implemented on November 1st, 2010, Which largely adjust the type of distribution of excessive subscription offline and cancelled the former regulations on the subscription, i. e. average ration. Whether the reform of the distribution system can improve IPO pricing efficiency and reduce the IPO under-pricing on the first day of issuance or not, which were the first question dicussed in this book.

(2) The core of the enquiry system of new share issuance is that the publisher entrusts the underwriter to collect and analyze the pricing information of the investors with advantages in information before deciding the issue price, and then issues the new share in different numbers to encourage the investors participating in enquiry deliver the useful information truthfully. As the most important market participant under the enquiry, what influence do the institutional investors have on the IPO pricing when they report the specific information during the market enquiry on the primary market. The Measures for the Administration of Securities Issuance and Underwriting and Instructions about Further Deepening the Reform of New Share Issuance System issued and implemented by CSRC in May, 2012,

and largely increase the ration of the offline institutional investors. In the meantime, the former-regulated three-month lockup period were cancelled. The specific influence of these reforms on the issuance system on the enquiry will be the second question that this book answered.

(3) There are three kinds of new price variable in the process of IPO under enquiry system, namely the unobservable intrinsic price of new share, the offer price of IPO in the primary market and the closing price for the first day in the secondary market. In previous literature, the IPO underpricing is constructed by the closing price for the first day and the offer price of IPO, which measures the issuing efficiency of IPOs. Base on the basic assumptions of the efficient market, the western literature believed that the new share closing price for the first day in the secondary market can fully reflect the market information in a comprehensive way. Therefore, it is reasonable to establish the IPO underpricing through the closing price for the first day to measure the issuing efficiency. Since, the secondary market in our country has not reached the weak-form efficiency, there is significant difference in the judge of the new share value between the off-line inquirers and the retail investors in the secondary market. If the IPO underpricing simply calculated through the closing price for the first day, it might overestimates the influence which the retail investors' sentiments for the first day in the secondary market have on the pricing efficiency of IPO. So, in this chapter, what are researched as follows. Does our pricing efficiency of IPO in the primary market performs fully and efficiently under enquiry system? what's the impact that the three reforms in issue system by the CSRC have on the pricing efficiency in the primary market during the stage of the enquiry system? What factors will finally cause the new share to fall on debut? These are the third group of questions which are expected to be investigated in this book.

(4) As the financial medium integrating the industrial innovation and financial innovation, the venture investment has developed prosperously on China's stock market. Especially, since the small and medium enterprise board and growth enterprise market were established, a lot of venture capitals appeared on the public companies' lists of share holders. What influence would the venture capital invested in the equities of the companies applying for list on the IPO pricing efficiency? How do the numerous factors including the time of equity investment, ratio of investment of share and the reputation of the venture capital institutions influence the IPO pricing efficiency? When the lockup period of share holding of venture capitals is over, what changes will occur on the secondary stock market price. The fourth question will be answered by this book.

In order to answer the above four questions and obtain more robust empirical results, this book combines the practical situation of China's enquiry system with the data published on the capital market, collects manually the investors' data about the pricing items and venture investment at the enquiry stage, and applies numerous research methods of econometrics. This book consists of the following chapters:

Chapter One is the introduction of this book. Firstly, this chapter briefly introduces the research background and the meaning of this book, then maps the logical structure of research, main research contents and related research methods. Finally, it introduces the major academic contributions of this paper.

Chapter Two is reviewing of the IPO System and Process of the Current IPO. In this chapter, we will briefly review the three stages experienced by the IPO system in our country, and introduce the specific way to issue the new shares in each stage, then describe the specific processes of the new stock issuing under enquiry system in an all round way.

Chapter Three is literature review. This chapter focuses on reviewing the relevant research literature at home and abroad, organizes the research front of IPO area as well as the gained results, lists the research and analytical methods applied in this study, and finally analyzes the defects in the existing literature in order to find out the deeper research orientation.

Chapter Four is about the reform of distribution system and new share issuance efficiency. This book use the data about public companies issuing stocks for the first time from 2009 to 2011 and doing the transactions on the stock market by constructing a natural experimentation. It uses the double difference model to remove the internal problem caused by the unobservable heterogeneity. Then, it investigates the influence of the second-step reform of the distribution system of the new share issuance enquiry system on the pricing efficiency of new share issuance. Finally, it points out that the direction of the future reform of issuance system is to further improve the autonomous ration rights of the principal underwriter. According to the empirical result, under the heterogeneous condition of controlling different boards, it's helpful that the second-step reform of the distribution system cancels the average ration of the excessive subscription to the improvement of the IPO issuance pricing efficiency of small and medium boards, and this reform doesn't noticeably affect the growth enterprise market. The irrational emotion of blinding promoting the secondary market may be the important factor that impacts the IPO pricing efficiency of the growth enterprise market.

Chapter Five is about the quotation behavior of the enquiry institution and new share issuance efficiency. Based on the data of the China's 463 A-share IPO companies from November 2010 to October 2012—to be specific, 45,630 groups of micro data of detailed pricing and subscription. This chapter applies the empirical data to map the characteristics of the enquiry object's quotation behavior during the subscription of new shares and to sketch the influence of the third-phase reform of issuance system on the quotation behaviors of the enquiry institutions participating in the new share issuance. In addition, it tests whether there is the hypothesis of 「winner's curse」 on the A-share market. According to the findings, as to the enquiry object with advantages in information, the average value of the quotation during the enquiry is positively proportional to offline Oversubscription on the first of new share issuance. In this way, the above-mentioned hypothesis of 「winner's curse」 is verified. In May 2005, the reform of increasing the offline new share ration and cancelling the offline institutional investors' allotment lockup period was implemented, thus making the enquiry object more careful about the quotation. The atmosphere of the secondary market is still an important factor that affects China's new share issuance pricing efficiency.

Chapter Six is the Stochastic Frontier Analysis of the issuing efficiency of IPO under enquiry system. In this chapter, 647 IPO enterprises from the small and medium sized enterprise board during the period from June, 2006 to November, 2012 were picked up as the study samples to take an empirical test of the IPO pricing efficiency in the primary market with the help of the stochastic frontier analysis model. It turns out that there exists the artificially underpricing phenomenon in the new share primary market under enquiry system for all the samples, and the offer price of the new share is lower than the stochastic frontier boundary. The three reforms in issue system have significant influence on the IPO pricing in the primary market under enquiry system. Before the first reform in June, 2009 and after the third reform in May, 2012, the CSRC conducted the 「window guidance」 to the new share price. As a result, the artificially low offer price appears in the primary market, and the new share primary market is not completely valid. The downturn atmosphere in the secondary market causes the low closing price for the first day. This is the main reason why the new share falls on debut.

Chapter Seven is about the venture investment participation and new share issuance efficiency. Taking Chinese companies listed on the small and medium enterprise board and growth enterprise market (GEM) during the period of 2009 and 2012 as the sample, this book conducts a empirical research on the influence of the venture investment participation and venture investment reputation on the share issuance pricing efficiency and on the capacity price effect before and after the cancellation of the lockup period of venture capital participation by using the propensity score matching and event study method. In the research sample of this book, the venture investment is not equipped with authentication effect and grandstanding effect, but abnormal turnover and abnormal yield of the public companies with participation of venture investment are more noticeable after the lockup period is cancelled. In addition, the accumulated rate of return to investment is inversely proportional to the abnormal rate return of the stocks in lock-up period.

Chapter Eight is about conclusion and prospect of research. This chapter summaries the principal research conclusions, and based on this, further discusses the possible research content in the future.

The innovation of this paper is manifested in the following aspects:

(1) The DID is applied to identify the possible policy effects of the reform of new share issuance system in 2010. As the new policy only affects the pricing distribution system of the small and medium enterprise board and growth enterprise board, and does not have influence on the main board market, this allows us to deem the policy as a approximately natural experiment: the small and medium enterprise board and growth enterprise board are combined and taken as

a treatment group, and the main board market as the control group. In addition, the DID is used to investigate the influence of this policy change on the pricing efficiency of the new share issuance. This method has been widely used in economics, but in analyzing China's IPO pricing efficiency it is the first time. The DID is applied to removed the unobservable heterogeneity of the differences of the treatment group and control group before and after the policy change, in order to gain more robust conclusion on the policy evaluation.

(2) It's the first time that the research sample of China's 463 IPO public companies and the 443 enquiry objects as well as their 45,630 groups of detailed micro pricing and subscription number is used to empirically analyze the pricing features of the institutional investors (enquiry objects) of different types, eg. regions and reputations. In the meantime, it's the first time that the data of the detailed micro pricing of the institutional investors during the enquiry are applied to construct two kinds of enquiry objects with informational advantage. Furthermore, the real micro pricing data of the enquiry objects are applied to prove the Rock's (1986)「winner's curse」hypothesis. Moreover, it empirically confirms the influence of the implementation of the third reform in the new share issuance system in May 2012 on the quotation behavior of the institutional investors.

(3) Based on these three important IPOs reforms, this book divides the research samples into four stages, and using stochastic frontier analysis models investigate the efficiency of Chinese IPO enquiry system and the impact of CSRC's 「window guidance」policies. This book also tests the main influence factors of the enquiry system under the new issues fall on debut.

(4) As few samples were used in the former literature about the venture investment, this book expands the number of the research sample to 642, thus effectively solving the problem that insufficient research samples may lead to un-

steady conclusions. As for the method of estimation, PSM is used to effectively handle the internal selection between the venture investment and invested enterprises. Considering it's unable to provide the specific matching relation theoretically on the selection of the matching variable, this paper provides three proxy variables, from the simple to the complicated, thereby making the research result more robust. Through the experimental test, the new conclusion is gained: the enterprises supported by the venture capital have no noticeable difference in the IPO under-price rate compared against those enterprises without the support of venture capitals. Among the sub-sample composed of the enterprises with the support of venture capitals, the reputation of the venture capitals doesn't have noticeable influence on the IPO under-pricing rate of the enterprises that the venture capitals hold shares. In the meantime, this paper for the first time conducts empirical analysis on the effect of the cancellation of the IPO lockup period of the enterprises whose partial shares are held by the venture capital.

Keywords: Reform of Enquiry System, IPO pricing system, Enquiry Object, Stochastic Frontier Analysis, Venture Capitals.

目　錄

1　導論 / 1
　1.1　研究背景及研究意義 / 1
　　　1.1.1　研究背景 / 1
　　　1.1.2　研究意義 / 4
　1.2　本書的邏輯結構、研究內容及研究方法 / 6
　　　1.2.1　邏輯結構 / 6
　　　1.2.2　研究內容 / 6
　　　1.2.3　研究方法 / 8
　1.3　本書的主要貢獻 / 9

2　新股發行制度回顧與現行新股發行流程 / 11
　2.1　新股發行制度歷史進程 / 11
　　　2.1.1　第一階段行政審批制 / 11
　　　2.1.2　第二階段核准制 / 13
　　　2.1.3　第三階段詢價制 / 14
　2.2　詢價制階段新股上市主要流程 / 16

3　文獻綜述 / 18
　3.1　國外IPO定價效率文獻綜述 / 18

3.1.1　基於信息不對稱理論的IPO定價效率文獻／20
　　3.1.2　基於發行制度的IPO定價效率文獻／26
　　3.1.3　基於所有權與掌控權理論的IPO定價效率文獻／28
　　3.1.4　基於行為金融理論的IPO定價效率文獻／30
　　3.1.5　國外風險投資IPO定價效率文獻／36
3.2　國內IPO定價效率文獻綜述／41
　　3.2.1　中國IPO定價效率影響因素文獻／42
　　3.2.2　行為金融學角度解釋中國IPO定價效率的文獻／47
　　3.2.3　發行制度變革對IPO定價效率影響的文獻／49
　　3.2.4　國內風險投資IPO定價效率的文獻／50
3.3　股票估值相關理論文獻綜述／54
　　3.3.1　直接估值法／54
　　3.3.2　間接估值法／56
3.4　本章小結／57

4　分配機制改革與新股發行效率／60
4.1　引言／60
4.2　研究設計與研究假設／62
4.3　研究樣本及變量設定／65
4.4　實證模型與迴歸結果／68
4.5　本章小結／75

5　詢價機構報價行為與新股發行效率／77
5.1　引言／77
5.2　研究設計和研究假設／79

5.3 樣本選擇和模型設計 / 83

5.4 實證檢驗結果及穩健性檢驗 / 88

5.5 本章小結 / 95

6 詢價制下新股發行效率的隨機前沿分析 / 97

6.1 引言 / 97

6.2 研究設計與樣本選擇 / 101

 6.2.1 隨機前沿分析模型介紹 / 101

 6.2.2 樣本選擇與研究變量設計 / 103

 6.2.3 變量統計描述 / 104

6.3 詢價制下三次改革前后一級市場定價效率的實證結果 / 108

 6.3.1 實證檢驗結果 / 108

 6.3.2 穩健性檢驗 / 114

6.4 詢價機制下中小板新股破發因素實證分析 / 116

6.5 本章小結 / 119

7 風險投資參股與新股發行效率 / 121

7.1 引言 / 121

7.2 研究設計與研究假設 / 123

7.3 研究樣本及描述統計 / 126

7.4 估計方法及實證結果 / 130

 7.4.1 估計方法選取 / 130

 7.4.2 研究假設 H1 的實證結果 / 133

 7.4.3 穩健性檢驗 / 137

 7.4.4 研究假設 H2 和 H3 的實證結果 / 139

7.5 本章小結 / 147

8 研究結論與未來研究展望 / 149
8.1 本書主要研究結論 / 149

8.2 未來研究展望 / 152

參考文獻 / 154

相關發行制度附錄

1 導　論

1.1　研究背景及研究意義

1.1.1　研究背景

　　中國證券市場自 1990 年開始，經歷了從無到有、由弱至強的過程。隨著 2004 年中小板的開板、2009 年創業板的推出，都極大地豐富和完善了中國直接融資市場的規模與渠道。截至 2013 年年底，滬深兩市總市值達 23.76 萬億元，合計擁有上市公司 2,469 家，其中主板 1,413 家、中小板 701 家、創業板 355 家。[①] 證券市場可以分為發行市場（Primary Market，一級市場）與交易市場（Secondary Market，二級市場）。股票一級市場與二級市場關係緊密，一級市場為二級市場提供了可供流通交易的證券產品，與此同時一級市場提供的證券種類、規模、初始定價決定了二級市流通規模與預期收益；而二級市場作為已發行證券流通交易的市場，有效地集中和分配資金，對初級市場起著積極的推動作用。制度健全的二級市場能夠高效地將一級市場發行的證券以合理的價格分配給不同的投資者，二級市場證券供求狀況與價格水平等因素影響了一級市場證券發行與再發行。隨著經濟的不斷發展、相關制度的不斷完善，證券市場的籌資、定

[①] 參考《2013 年中國 A 股市值年度報告》，http：//finance.ce.cn/rolling/201401/15/t20140115_2127707.shtml.

價、資本配置功能對國民經濟起到了越來越重要的作用。

新股首次公開發行（Initial Public Offering，IPO），是指公司首次以公開發行的方式向公眾出售股票，並隨后在指定的證券交易市場掛牌交易，最終形成一個具有流動性的金融資產交易產品（Ritter，1998）。IPO 不僅是連接一、二級市場的重要環節，也是公司發展中的重要轉折點。新股發行機制是影響公司 IPO 的重要因素，其核心是新股定價與新股分配，包含兩方面內容：一是確定新股發行價格，即價格發現機制；二是採用一定的方式將新股出售給投資者，即新股配售機制。價格發現機制與新股配售機制緊密聯繫、相互制約，構成了新股發行機制的核心內容。自中國證券市場誕生以來，新股發行制度大致經歷了三大階段，第一階段行政色彩濃厚的審批制（1990—2000 年）、第二階段核准制（2001—2004 年）、第三階段市場機制為主導的詢價制（2005 年至今，其中以 2006 年股權分置改革后全面進入詢價制加網上定價方式進行新股定價發行）。

國內外文獻對新股首次發行問題進行了系統的理論與實證檢驗，該問題已成為了金融學乃至經濟學中重要的分支。隨著學者們不斷深入的研究，各種創新性理論、研究設計、新的市場數據不斷的充實與完善著新股發行理論體系，尤其是新興市場國家發行制度不斷演變也為研究與驗證這些理論假說提供了更有力的數據支持。目前國內外對新股首次發行的研究主要集中在三方面：①新股首日發行高抑價現象。IPO 發行抑價是指新發行的股票在二級市場首日收盤價格系統性低於發行定價的現象，目前文獻中對抑價率的定義為抑價率＝（首日收盤價－發行定價）/發行定價（也有文獻在上式基礎上減去了市場指數漲幅）。②新股發行時間問題，即火熱市場現象。新股發行在時間上呈現極度不均衡現象，當市場火熱時，大量新股「扎堆」（cluster）上市，而市場冷淡時，卻少有新股上市，新股發行市場呈現冷熱不均的現象。③新股發行后長期表現。新股上市較長一段時期后（一般為兩年以上）其收益是否顯著異於市場或與該股票近似的股

票組合平均收益，以此檢驗有效市場假說。

相關國內外研究表明主要發達國家的 IPO 抑價率為 15%～20%左右，新興市場國家一般在 30%～80%之間，而中國在 1996—2010 年間 A 股上市的股票全樣本平均抑價率為 109%。[①] 中國新股抑價幅度不僅遠大於歐美成熟市場，也明顯高於其他新興市場。長期居高不下的新股抑價率為中國資本市場乃至國民經濟的持續健康發展帶來了極為不利的影響：新股申購可以獲得較高的無風險收益，導致大量本該在生產流通中的資金湧入 IPO 發行市場，降低了整個社會範圍內的資金配置效率；並且巨額資金短期套利行為也將進一步加強新股上市定價泡沫程度。新股長期市場表現是 IPO 研究中最富爭議的領域，IPO 長期表現對樣本時期、基準資產組合、衡量方法等因素的選擇極為敏感。目前學術界對 IPO 長期表現及其影響因素的研究仍未給出明確的答案。風險投資者作為重要的金融仲介結構，在中國誕生與發展的歷史並不長，其真正加速發展階段是在 2009 年創業板推出前后，隨后大量風險投資機構出現在上市公司股東名單之中。2005 年中國活躍風險投資機構約有 500 家，而 2012 年達到了 6,290 家；與此同時，2005 年風險投資機構募集資金為 4,067 億美元，2012 年風險投資募集資金達到 9,312 億美元，而在 2011 年這個數字達到了頂峰的 28,202 億美元。[②]

隨著中國股票市場 20 多年來不斷的發展，中國新股發行和定價制度經歷了由相對嚴格的行政管制逐步向以市場參與主體為定價核心的演進歷程。監管部門為了進一步提升金融市場籌融資效率，發揮市場機制配置金融資源的主導地位，對新股發行制度及相關配套規定進行了多次改革，特別是 2005 后年實施新股發行詢價制后，新股發行市場運行的制度化與規範化得到了進一步發展。在中國新股發行制度市場化程度日益提高的背景

---

① 劉煜輝，沈可挺．是一級市場抑價，還是二級市場溢價——關於中國新股高抑價的一種檢驗和一個解釋 [J]．金融研究，2011，11：183-196．
② 數據來源：投資界《中國創投暨私募股權投資市場 2012 年全年數據回顧》，http://zdb.pedaily.cn

下，本書就詢價制下 IPO 相關問題進行探討和研究。

1.1.2 研究意義

本書主要研究詢價制階段，新股發行定價效率及其影響因素，核心部分是本書的第四章至第七章。首先在新股發行詢價制階段經歷了數次重大發行制度改革，特別是 2010 年 10 月證監會頒布的《關於深化新股發行體制改革的指導意見》與《證券發行與承銷辦法（修訂）》，進一步完善報價申購和配售約束機制、擴大詢價對象範圍、充實網下機構投資者等相關規定。根據此次修改后的 IPO 發行機制，在一級市場詢價發行過程中，如果出現網下超額申購（即有效報價申購總量大於網下配股數量）時，主板對超額有效申購的配售方式仍然採取全部有效申購同比例配售原則；而中小板和創業板超額有效申購的配售方式發生了改變，刪除了原來的強制要求同比例配售的規定，給予了發行人和承銷商更多的自由分配權力。這項重大改革出抬后不同板塊新股定價行為有了怎樣的改變？IPO 抑價程度又是否有明顯變化呢？發行人和承銷商能否通過改變配售方式達到提升新股定價效率的目的？這些都是值得研究的問題。

其次 2012 年 5 月證監會頒布並實施的《證券發行與承銷管理辦法》以及同期頒布的《關於進一步深化新股發行體制改革的指導意見》，對網下機構投資者配售比例及網下配股鎖定期進行了較大幅度調整；增大了網下機構投資者配售比例，使得機構投資者在新股定價中起到了更為重要的作用；並且明確了網下向網上的回撥機制，同時改革後的發行制度取消了網下配股的三個月鎖定期。作為詢價機制的重要參與主體的機構投資者，其報價行為將直接影響新股發行價格，也直接影響到整個新股發行市場的定價效率。機構投資者的地域、類別、參與市場程度等因素差異是否對其報價行為帶來顯著影響？國外「贏者詛咒」假說在中國是否成立？2012 年 5 月的發行制度改革對作為詢價對象的機構投資者報價行為將產生何種影

響？這些問題不僅是監管部門所關注的，同時也是普通投資者所關心的。

再次，隨著中國證券交易制度不斷完善，發行制度多次改革，當前目標是使得市場機制作為金融資源配置的核心，並且隨著中小板、創業板的逐步推出，股票市場融資主體也由初期的國企為主，逐步轉變為國有大型公司、中小公司、創新型公司。在發行制度市場化改革、直接融資渠道向民營公司、創新型公司打開的背景下，金融仲介，尤其是在國內日益興起的風險投資對其參股的公司新股發行定價效率將產生何種影響？風險投資進行股權投資的時間、投資參股比例大小及風險投資機構的聲譽狀況等諸多因素如何影響新股發行，在實務界和理論界都遠未達成共識。近年來國內文獻對風險投資介入 IPO 定價效率的問題逐漸關注，但在變量設定、計量模型處理以及樣本容量等方面尚有明顯改進空間。

綜上，本書的理論意義與現實意義在於：

（1）借鑑先進研究思路和研究方法，並充分挖掘中國股票交易市場特有現象與數據。有利於縮小國內與國際前沿間的差距；利用中國特有數據與特有現象檢驗了金融理論的有效性，從而豐富與加深了文獻對此現象的理解。

（2）結合中國新股發行制度改革實際情況，利用更為穩健的統計、計量檢驗方法對詢價制市場參與主體行為進行瞭解、解釋，對不同理論之間的差異性及競爭理論之間的有效性進行了比較分析。有利於更為全面理解中國證券市場，為相關政策制定給予了理論支持。

（3）通過對發行制度改革對新股定價效率影響的研究，有利於政策制定者評估相關改革的政策效力，從而達到未來進一步提高資本市場資金配置功能與運行效率的目的。對金融仲介，尤其是風險投資，在新股定價及鎖定期解除效應的研究，有助於人們理解風險投資在新興市場國家與成熟市場發揮著不同的作用。

1.2 本書的邏輯結構、研究內容及研究方法

1.2.1 邏輯結構

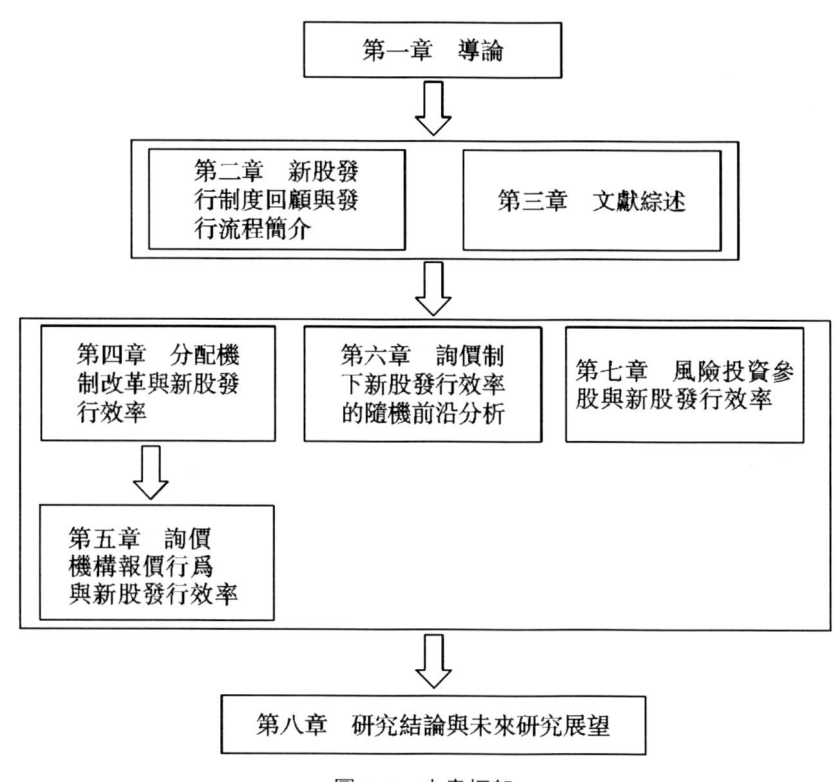

圖 1.1 本書框架

1.2.2 研究內容

本書包含八章,各章主要內容如下:

第一章:導論。本章簡明介紹了本書的研究背景及研究意義,並勾勒出研究邏輯結構和主要研究內容及相關研究方法,並介紹了本書的主要學術貢獻。

第二章：新股發行制度回顧與現行新股發行流程。本章簡要回顧了中國新股發行制度歷經的三大階段，介紹了每個階段內特定的新股發行方式，全面描述了詢價制下新股發行上市的具體流程。

第三章：文獻綜述。本章集中回顧了國內外相關研究文獻，梳理了 IPO 相關研究的理論脈絡，歸納了研究方法及研究結果，再分析現有文獻的不足的，並尋找深入研究的切入點。

第四章：分配機制改革與新股發行效率。本章利用了 2009—2011 年主板、中小板和創業板的 IPO 相關數據，構建了新股分配制度改革的自然實驗過程，使用雙重差分模型（DID）消除了不同板塊之間由於不可觀測的異質性所導致的內生性問題，考察了新股發行詢價制度第二階段分配機制改革對新股發行定價效率產生的影響，並指出進一步完善承銷商自主配售權是未來發行制度改革的方向。實證結果表明，在控制不同板塊異質性條件下，第二階段分配機制改革取消超額申購平均配售有助於提升中小板 IPO 發行定價效率，而對創業板沒有產生顯著影響。二級市場「爆炒」創業板新股的非理性情緒可能是影響創業板 IPO 定價效率的重要因素。

第五章：詢價機構報價行為與新股發行效率。本章基於 2010 年 11 月至 2012 年 10 月，中國 A 股 463 家 IPO 公司，443 家詢價對象共 45,630 組詳細報價與申購的微觀數據，使用描述統計及方差分析對參與新股申購過程中詢價對象報價行為特徵進行了刻畫；利用詢價階段詳細報價數據，構建了信息優勢與信息劣勢詢價對象平均報價之差代理變量，對詢價制下中國 A 股市場是否存在「贏者詛咒」假說進行了檢驗；利用詢價階段詳細報價數據，構建了三個衡量機構投資者審慎報價的代理變量，實證檢驗了第三階段發行制度改革對詢價對象的報價行為的影響。研究結果表明：信息優勢的詢價對象與信息劣勢詢價對象報價均值之差與網下超額申購倍數成正比，網下超額申購倍數越高，信息優劣投資者平均報價之差越大，從而直接驗證了「贏者詛咒」假說；2012 年 5 月實施的增大網下新股配售比例與取消網下機構投資者

配股鎖定期等相關發行制度改革，顯著提高了詢價對象報價的審慎程度；二級市場氛圍仍是影響中國新股發行定價效率的重要因素。

第六章：詢價制下新股發行效率的隨機前沿分析。本章利用 2006 年 6 月至 2012 年 11 月中小板 647 家 IPO 公司為研究樣本，使用隨機前沿分析模型對新股發行一級市場定價效率做出了實證檢驗。實證結果表明，對全體樣本而言，中國詢價制下新股一級市場存在人為壓低發行價格的現象，新股發行價格低於隨機前沿邊界；詢價制下三次發行制度改革對新股一級市場定價有顯著影響。2009 年 6 月第一次改革前以及 2012 年 5 月第三次改革後，由於證監會對新股價格進行了「窗口指導」導致一級市場存在故意壓價現象，新股一級市場定價不是完全有效的。二級市場低迷狀況導致首日收盤價偏低是新股破發的主要原因。

第七章：風險投資參股與新股發行效率。本章以 2009—2012 年間中國中小板與創業板上市公司為研究樣本，使用傾向得分配比（propensity score matching）與事件研究（events study）方法考察了風險投資參股、風險投資聲望對股票發行定價效率的影響，檢驗了風險投資參股股票鎖定期解除前後顯著的量價效應。實證結果表明，在本章研究樣本中，風險投資並不具備「認證效應」與「逐名效應」；而在鎖定期解除後，風險投資參股的上市公司股票二級市場的異常成交量與異常收益率更為顯著；同時風險投資機構的累計投資收益率與解禁期股票的異常收益率存在負相關關係。

第八章：研究結論與未來研究展望。本章對全書主要研究結論進行了總結，在此基礎上探討了未來可能研究的內容。

1.2.3 研究方法

本書以實證研究為主並輔以相關理論研究。根據現實經濟中存在的想像抽取出可能研究的問題，對該問題已存在的相關經濟金融理論進行梳理與分析，在理論與實際現象結合的基礎上構建合理的研究假設，並依據提

出的研究假設結合可獲得的經濟數據構建相應的計量模型，最后利用相關統計及計量方法通過對計量模型的檢驗達到驗證研究假設的目的。本書使用到的主要統計及計量方法包括：描述統計、單因素及多因素方差分析、普通最小二乘法（OLS）、隨機前沿分析（SFA）、傾向得分配比法（PSM）、事件研究法、雙重差分法（DID）等。第三章至第六章均對研究數據進行了分組統計描述。研究分配機制改革與新股發行效率使用了雙重差分法，並將雙重差分法得出的結果與用普通最小二乘法得出的結果進行對比分析，得到了更為準確的實證結果；分析詢價機構報價行為與新股發行效率時，採用了單因素及多因素方差分析，檢驗不同地域、類別、參與程度的詢價機構報價是否存在顯著差異，並用普通最小二乘法對「贏者詛咒」假說及第三階段新股發行制度改革對機構投資者報價行為的影響進行了實證檢驗；使用隨機前沿分析模型對詢價制階段一級市場新股定價效率作出了實證檢驗，並對隨機前沿模型的參數進行了穩健性檢驗；使用傾向得分配比、事件研究法對風險投資參股與新股發行效率進行了研究。

1.3　本書的主要貢獻

本書的主要貢獻：

（1）使用雙重差分模型（DID）考察了2010年新股發行制度改革可能達到的政策效果。由於新政策僅對中小板和創業板定價分配制度產生影響，並不涉及主板市場，可將該政策變更視為一個近似的自然實驗（natural experiment）；將創業板和中小板市場作為「處理組（treatment group）」，主板市場作為「控制組（control group）」，使用雙重差分模型考察該政策變化對新股發行定價效率的影響。該方法在經濟學領域已得到廣泛應用，而用於分析中國IPO定價效率尚屬首次。採用雙重差分模型通

过「控制組」與「處理組」在政策變化前后的差分，消除不可觀測的異質性，從而得到更為穩健的政策評估結論。

（2）首次以手工收集整理的2010年11月至2012年10月，中國A股463家IPO公司，443家詢價對象共45,630組詳細報價與申購的微觀數據為研究樣本，實證分析了不同類別、不同區域、不同聲望詢價對象的報價特徵；首次使用詢價階段機構投資者詳細微觀報價數據，通過構建信息優劣投資者報價均值之差代理變量，直接檢驗了Rock（1986）「贏者詛咒」假說；首次利用詢價階段機構投資者詳細微觀報價數據，構建了三個衡量投資者審慎報價的代理變量，實證檢驗了2012年5月實施的第三次新股發行制度改革對機構投資者報價行為的影響。

（3）依據新股發行詢價制階段三次重要發行制度改革，將詢價制分為四個階段。利用隨機前沿分析（Stochastic frontier analysis）模型對四個階段新股發行一級市場定價效率進行了實證研究；考察了證監會對新股價格「窗口指導」政策與一級市場定價效率的關係，並實證檢驗了詢價制下新股破發的影響因素。

（4）本書將研究樣本擴展到642個，有效彌補了以往研究中由於樣本數量不足可能導致的結論不穩健問題。使用傾向值配比（PSM）的實證方法，有效處理了風險投資機構與被投資公司的內生性選擇（heterogeneous choice）問題，在配比變量的選擇上考慮到理論無法給出明確的配比關係，本書由簡至繁給出了三類配比變量，使得配比后的研究結果更為穩健。通過實證檢驗得到了新的結論：風險投資支持的公司與無風險投資支持的公司在IPO抑價率上沒有顯著差異；在擁有風險投資支持的子樣本中，風險投資機構的聲望並不對風險投資參股公司的IPO抑價率產生顯著影響。與此同時，本書首次對風險投資參股公司IPO鎖定期解除效應進行了實證分析，得到新的結論：持股鎖定期結束時，擁有風險投資的股票拋售效應更強，具有更高的異常成交量以及更低的累計異常收益率。

2 新股發行制度回顧與現行新股發行流程

2.1 新股發行制度歷史進程

自中國證券市場誕生以來，新股發行制度主要經歷了三大階段：第一階段是行政色彩濃厚的審批制（1990—2000年）、第二階段向市場化過渡的核准制（2001—2004年）階段、第三階段是市場機制為主導的詢價制（2005年至今，其中以2006年股權分置改革後全面進入詢價制加網上定價方式進行新股定價發行）。本章對中國新股發行制度及採用詢價制後新股發行流程進行簡要回顧，為進一步研究奠定基礎。

2.1.1 第一階段行政審批制

（1）內部認購方式。中國證券市場建立初期（1990年）曾短暫使用過內部認購方式進行新股發行，新股發行面向公司內部人（如經理、廠長、供銷主任等）及其關係人，不進行廣泛的公開發行，外部投資人也無法獲知公司新股發行的信息。就當時的國情而言，投資者對股票這種新興投資產品的瞭解幾乎為零，通過試點公司在內部進行小範圍認購新股的方法，培養了投資者對股票的認知，具有一定的歷史意義。但隨著資本市場的不斷完善，這種方式嚴重違背了證券市場交易公平、公開、公正的三公原則，所以內部認購方式很快被管理層取締。

（2）新股認購證方式。經歷了短暫的內部認購方式發行后，新股超高的回報率激勵了投資者極大的投資熱情，證券市場隨之面臨著新股供不應求的態勢。為了緩解這種矛盾，人民銀行、上海證券交易所決定採用投資者預先無限量購買股票認購證+認購證抽簽搖號的方式對巨額市場需求進行分配。1992年上海證券交易所以每份30元的價格發行的新股認購證，該認購證在其有效期限內面向投資者無限量供應。資料顯示，1992年內上交所共對其出售的認購證進行了4次搖號，發行股票10餘只。

與此同時，深圳證券交易所使用規定期限內有限量認購證+認購證抽簽配售的方式解決巨額市場需求問題。1992年8月7日深圳交易所發布《1992年新股認購抽簽表發售公告》，宣布發行新股抽簽表500萬張，每張面值100元，投資者憑身分證認購，每張身分證允許認購一張抽簽表，每人單次最多購買10張新股認證抽簽表。深交所承諾將在適當的時候，一次性抽出50萬張有效中簽表，每張有效中簽表可認購本次上市公司發行的股票1,000股，中簽率為百分之十。監管部門推出新股認購證的初衷是為了解決內部申購股票明顯違背「三公」原則以及新股供需差異巨大兩方面問題，但在當時股票市場「瘋狂」的投資氛圍下，一方面投資者認為獲得新股等同於獲得巨額的無風險投資回報，另一方面由於信息不透明導致的「暗箱操作」與相應監管力度欠缺，導致各金融網點在配售認購證時出現了大量舞弊行為。為了進一步解決證券市場的各種問題，證券委和證監會相繼成立，由監管部門組織研究更加合理和健康有序的新股發行方式。

（3）銀行儲蓄存款掛勾結合認購申請表方式。這種新股發行方式是在一定時期內，投資者可以無限量申購新股認購證，管理部門根據認購證發行數量與擬發行股票數量進行比較，證券交易所通過公開搖號的方式對股民已經購買的認購證進行抽簽，中簽的投資者需按照之前約定的辦法繳納相應購買股票的費用。申購者可按居民在銀行定期儲蓄存款餘額的一定比例購買認購證，或專項定期定額儲蓄存單上的號碼進行公開搖號抽簽。在

這種發行方式下，投資者無論中簽與否資金都不會遭受損失，未中簽者可在規定時間后收回本金和相應利息。這種方式顯著降低了股票發行的總社會成本，進一步減少了社會資源浪費，一定程度上迴避了認購證導致的尋租損失。但由於這種認購方式對投資者的前期資金投入需求量較大且申購資金鎖定時期較長，因此更加有利於資金充足的機構和大戶，資金量較小的投資者獲得配售機率非常低，違背了公平的原則。

（4）上網定價和全額預繳款發行方式。上網定價發行方式是指由主承銷商作為股票的唯一賣方，投資者在規定的時間內，通過證券交易系統，按現行委託買入股票進行新股申購。所謂全額預繳款發行方式一般而言是指期望參與新股發行的投資者在規定的申購時間內，在主承銷商設立的收款專戶中全額存入申購款。主承銷商對到帳資金進行驗資和申購有效性進行確認后，根據股票發行量和申購總量計算配售比例，進行股票配售，余款轉為存款或返還投資者。這個階段的新股發行方式解決了認購證發行高成本、高浪費的問題，也緩解了認購證發行方式占壓資金過多過長的問題。

2.1.2 第二階段核准制

（1）上網競價發行方式。上網競價發行方式是指發行人和主承銷商利用證券交易所的交易系統，由主承銷商作為新股的唯一賣方，以發行人宣布的發行底價為最低價格，以新股實際發行量為總的賣出數，由投資者在指定的時間內競價委託申購，發行人和主承銷商以價格優先的原則確定發行價格並發行股票。上網競價方式是可選用的新股發行方式之一，發行規模較小的上市公司一般不採取上網競價的方式發行。上網競價發行方式理論上強化了市場的價格發現功能，優化了資源配置，但在實際操作中，競價過程容易被操縱，從而損害發行人和主承銷商的利益。

（2）按市值配售發行方式。按市值配售發行方式是指在新股發行時，

將一定比例的新股由上網公開發行改為向二級市場投資者配售，投資者根據其持有上市流通證券的市值和折算的申購限量，自願申購新股。市值配售方式發行的優點是投資者申購新股時無須先繳納申購款，大幅度降低了二級市場投資者的申購成本。市值配售還可以緩解大量資金囤積在一級市場的問題，平衡一二級市場價差。

2.1.3 第三階段詢價制

所謂新股發行詢價制是指股票首次公開發行時，發行人委託承銷商通過向詢價對象詢價的方式確定新股發行價格。按照相關規定，中國現行的詢價制包括初步詢價和累計投標詢價兩個階段，承銷商通過初步詢價確定新股發行價格區間，累計投標詢價最終確定發行價格。根據中國證監會於2004年底頒布的《關於首次公開發行股票試行詢價制度若干問題的通知》（證監發行字〔2004〕162號）及配套文件《股票發行審核標準備忘錄第18號——對首次公開發行股票詢價對象條件和行為的監管要求》，新股發行詢價制於2005年1月1日起實施。新股發行詢價制的主要流程包括：首先，發行人和承銷商向證監會批准的具有相應資質的詢價對象提供擬上市公司價值研究報告。詢價對象結合新股價值研究報告及其他相關信息，在承銷商組織的初步詢價過程中給出購買價格和申購數量，承銷商依據詢價對象提供的申購信息確定新股發行區間。然後，承銷商進行路演推介和累計投標詢價，在初步詢價確定的新股發行價格區間內，確定最終發行價格和發行市盈率。最后，按照證監會相關規定在網下和網上進行新股配售。自2005年1月開始實施新股發行詢價制以來，中國新股發行制度又經歷了三次重要改革。

第一階段重要改革：2009年6月證監會頒布並實施《關於進一步改革和完善新股發行體制的指導意見》（2009年證監會13號公告），進一步完善了詢價制和申購的約束機制，《指導意見》明確指出「擬採取分步實施、

逐步完善的方式，分階段推出各項改革措施」。此次改革的重要措施包括：優化網上發行機制，將網下網上申購參與對象分開。對於具有參與網下詢價資格的機構投資者而言，第一階段新股發行制度改革后，只能在網下或網上申購中擇其一。2005年1月至2009年5月，機構投資者既可以作為詢價對象參加新股的網下的申購流程，也可以與散戶投資者一起參加網上新股配售流程。相對於擁有巨額資金，並且可以同時參與網上網下申購的機構投資而言，中小投資者通過自有資金獲配新股的中簽率較低。

第二階段重要改革：2010年11月1日實施的修改后的《證券發行與承銷管理辦法》（證監會第69號令）及其配套的《關於深化新股發行體制改革的指導意見》（證監會2010年第62號公告），進一步完善了詢價和申報約束機制。根據此次修改后的IPO發行機制，在一級市場詢價過程中，如果詢價對象的有效申購總量大於《招股說明書》中約定的網下配售總量時，對於主板而言，超額有效申購的配售方式仍然採取全部有效申購同比例配售原則；但對於中小板和創業板而言，超額有效申購的配售方式發生了改變，原有的強制要求同比例配售的規定被刪除，發行人和承銷商獲得了更多的自由分配權力。具體兩個階段對超額申購（oversubscription）的分配方式如下：

2010年10月31日之前，該階段的超額申購配售方法：詢價階段出價高於最終發行價格的報價稱為有效報價，對所有有效報價的投資者按相同比例配售。配售比例計算方式如下：

$$配售比例 = \frac{網下發行總股數}{網下有效申購總股數}$$

詢價對象最終獲得的配售新股數量為：有效申購數量×獲配比例

2010年11月1日起，配售方法如下：發行人及其主承銷商根據自身情況，合理設定每筆申購的最低申購量，根據每筆申購量確定最終可獲得配售的機構數量，再對發行價格以上的有效報價進行配售。如果出現超額申購則具體分配方式是：對全部有效申購對象按照其最后一次錄入初步詢價

記錄的時間順序排序，然後依次配號，每個有效申購對象按其申購份額與之前設定的每筆最低申購量之比，確定其參與隨機搖號的號碼數量，通過搖號抽簽的方式確定本次網下發行獲配對象。

2012 年 5 月證監會對新股詢價發行制度進行了第三次改革，頒布並實施了《證券發行與承銷管理辦法》（證監會第 78 號令）及其配套的《關於進一步深化新股發行體制改革的指導意見》（證監會 2012 年第 10 號公告），對網下機構投資者配售比例及網下配股鎖定期進行了大幅調整。網下配售比例由原來的「公開發行股票數量少於 4 億股的，配售數量不超過本次發行總量的 20%」統一調整為「向網下投資者配售股份的比例原則上不低於本次公開發行與轉讓股份的 50%」，並明確了網下向網上的回撥機制；改革後的發行制度取消了網下配股的三個月鎖定期。招股說明書正式披露後，根據詢價結果確定的發行價格市盈率高於同行業上市公司平均市盈率 25% 的，必須進行風險提示與相關信息披露。

2.2　詢價制階段新股上市主要流程

現階段中國 IPO 發行上市主要包含以下幾個流程：計劃上市的公司進行改制設立股份有限公司；選擇主承銷商及其他仲介機構進行至少為期一年的上市前輔導，並製作相關上市申報材料；證監會發行審核；根據相關發行制度確定發行價格並發行上市。大致流程如圖 2.1 所示。

改制設立 ⇨ 上市輔導 ⇨ 發行核準 ⇨ 上市輔導

圖 2.1　首次公開發行上市的主要流程階段圖

新股詢價制度改革主要體現在發行上市這一階段，改革重點與難點是如何確定新股發行價格以及如何在不同的投資者間分配新發行的股票份

額。現階段中國新股發行上市主要包含以下幾個流程：發行人和主承銷商的路演推介階段，通過路演推介向潛在投資者介紹公司發展前景及投資價值；詢價發行階段，通過詢價確定發行價格，並完成網上、網下配售工作；上市掛牌階段，在交易所掛牌交易。具體流程如圖2.2所示。

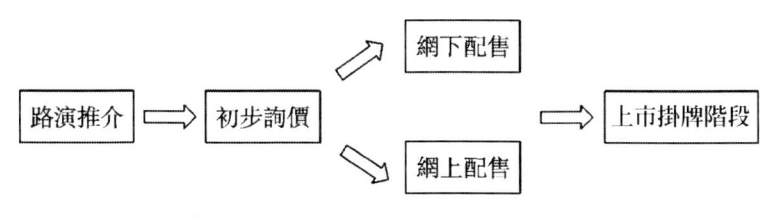

圖2.2　新股上市定價發行階段流程圖

3 文獻綜述

3.1 國外 IPO 定價效率文獻綜述

　　本書關於 IPO 定價研究主要關注兩個方面內容：一是 IPO 抑價（Underpricing）現象。通常 IPO 抑價率以新股上市首日收盤價（二級市場確定的價格）與新股發行價格（一級市場確定的價格）的偏離幅度來衡量。一般理論認為相對於一級市場而言，二級市場擁有更強的資產價格發現功能。因此當出現一、二級市場的價格差異時，通常認為二級市場的價格是有效的。基於有效市場假說（EMH），當新股一二級市場上市間隔時間很短，新股在二級市場首日交易時不應出現系統性定價差異現象。但實際中，IPO 抑價現象在世界各國股票市場上廣泛存在。二是金融仲介特別是日益興起的風險投資機構對 IPO 定價效率的影響。已有文獻在風險投資機構對上市公司 IPO 定價效率的影響上並沒有形成統一認識，目前文獻對此還存在廣泛爭議。一種觀點認為，風險投資的介入將幫助公司建立並完善約束監督機制，改進公司治理結構，有效降低待上市公司與外部投資者間的信息不對稱，從而降低了發行時的抑價率（Barry, 1990; Megginson and Wiss, 1991; Nahata, 2008）。另一種觀點則認為，由於風險投資作為以盈利為目的的金融仲介，其管理者在有限的年限內面臨募集資金增值的業績考核壓力，因此願意用較為高昂的發行抑價為代價，達到所投資公司更早

上市的目的（Gompers，1996；Lee and Wahal，2004）。

表 3.1　　　　　　　　國外 IPO 抑價理論梳理表

信息不對稱理論	發行制度理論
Baron（1982）「委託-代理理論」	Logue（1973）「避免訴訟假說」
Muscarella and Vetsuypens（1989）	Drake and Vetsuypens（1993）
Loughran and Ritter（2002）	Ruud（1993）「價格支持假說」
Ljungqvist and Wilhelm（2003）	Asquith，Jonathan and Kieschnick（1998）
Rock（1986）「贏者詛咒理論」	Ellis，Michaely and O'Hara（2000），
Koh and Walter（1989）	Oehler，Rummer and Smith（2004）
Keloharju（1993）	Aggarwal（2000）
Amihud、Hauser and Kirsh（2003）	Rydqvist（1997）「稅收規避假說」
Michaely and Shaw（1994）	Taranto（2003）
Hanley and Wilhelm（1995）	
Aggarwal，Prabhala and Puri（2002）	控制權掌控理論
Allen and Faulhabar（1989）「信號傳遞理論」	Jensen and Meckling（1976）
Welch（1989）	Brennan and Franks（1997）
Chemmanur（1993）& Welch（1996）	toughton and Zechner（1998）
Jegadeesh，Weinstein, and Welch（1993）	
Michaely and Shaw（1994）	行為金融理論
Spiess and Pettway（1997）	Miller（1977）「投資者情緒假說」
Benveniste and Spindt（1989）「承銷商信息收集理論」	Welch（1992）「信息瀑布假說」或「羊群效應假說」
Hanley（1993）& Cornelli and Goldreich（2001）	Ljungqvist，Nanda, and Singh（2004）
Jenkinson and Jones（2004）	Asquith（1998）
Ljungqvist，Jenkinson，and Wilhelm（2003）	ook，Jarrell, and Kieschnick（2003）
承銷商聲譽理論	Cornelli，Goldreich and Ljungqvist（2006）
McDonald and Fisher（1972）	Cook，Kieschnick, and Van Ness（2006）
Logue（1973）&Booth（1996）	Dorn（2002）

表3.1(續)

信息不對稱理論	發行制度理論
Johnson and Miller (1988)	Loughran and Bitter (2002)「前景理論與心理帳戶假說」
Dark and Singh (1998)	Ljungqvist and Wilhelm (2005)

註：根據文獻匯總得來。

表3.1對國外IPO抑價文獻進行了分類歸納。早期IPO抑價文獻始於Logue (1973)和Ibbotson (1975)，他們研究了20世紀60年代美國上市公司，研究結果表明公司上市時一二級市場價差大約有19%。Ibboston的研究認為在假定二級市場有效的情況下仍然存在IPO抑價現象，學術界一般認為關於IPO抑價的研究是始於Ibboston的。之后幾十年間，IPO問題成為了金融學研究熱點領域，眾多學者對IPO理論與實證進行研究，並從不同研究角度和基本假設出發構建了多個理論，嘗試對IPO抑價現象進行更為全面和深刻的解釋。目前已有的國外主要研究成果可以歸納為：信息不對稱理論，發行制度理論，控制權掌控理論，行為金融理論。本節以下內容將圍繞這些理論進行一一闡述。

3.1.1 基於信息不對稱理論的IPO定價效率文獻

信息不對稱（asymmetric information）是指由於在交易中，各方參與者所擁有的信息存在差異，導致了擁有信息的一方處於有利地位，而缺乏信息的一方處於劣勢地位的現象。由於信息不對稱的客觀存在，將導致市場交易雙方的利益失衡，最終引起逆向選擇（adverse selection）、道德風險（moral hazard）等問題，影響了社會的公平、公正，降低了市場配置資源的效率。

信息不對稱理論自提出以來，就在金融學研究領域得到了廣泛的運用。國內外學者運用信息不對稱理論對世界各國證券市場各類現象做出了廣泛而深入的探討。在IPO相關理論中，信息不對稱理論是最為完善、最

為核心的理論。

在新股上市過程中，存在最重要的三類參與主體：發行人，承銷商以及投資者。信息不對稱理論假設這三類參與主體中，某些主體相對於其他人對 IPO 公司擁有更多的信息，依據參與主體的信息不對稱構建理論，從而解釋 IPO 折價現象為什麼會系統性的存在。在 IPO 定價發行領域，信息不對理論稱主要應用於以下五個方面：「委託—代理」理論、「贏者詛咒」理論、信號傳遞理論、承銷商信息收集理論、承銷商聲譽理論。

（1）「委託—代理」理論。該理論最早是由 Baron（1982）提出，他假定證券發行承銷商由於自身專業化程度更高，對發行市場的瞭解程度比發行人更好。與發行人相比，承銷商對新股市場供需關係擁有更大的信息優勢。在這樣的假設條件下，發行人與承銷商之間實質上是一個委託—代理關係，承銷商接受發行人委託，利用其專業優勢，為發行人的新股定價並在一級市場上進行配售。Baron 認為公司的不確定程度越高，發行人和承銷商的信息不對稱程度越大，承銷商所提供的市場信息服務就越有價值，相應的 IPO 抑價程度也就越高；當發行人的信息不對稱程度減弱時，抑價率降低；當發行人和承銷商擁有完全一樣的市場信息時，將不存在發行抑價；抑價實質上是承銷商從發行人方取得的信息報酬。由於在實踐中，承銷商獲得的承銷收入與新股發行的總收入正相關，因此從最大化承銷收入的假設出發，將無法得出承銷商抑價發行新股的結論。

Ljungqvist（2007）認為如果承銷商和機構投資者反覆地（repeatedly）參與新股發行，收集信息的成本將會顯著降低。在一個重複博弈（repeated game）的框架下，參與詢價的投資者必須在「欺騙承銷商所帶來的一次性收益」與「被該承銷商禁止參加未來 IPO 項目帶來的損失」二者之間進行權衡。這意味著在 IPO 市場進行承銷活動越多的承銷商，在新股定價時擁有更大的優勢。對 IPO 抑價委託—代理理論的實證研究結果也不是確定的。發行人可以通過對承銷商承銷行為進行更強有力的監督（monitor）或

者簽訂與發行價格正相關的承銷費用協議以達到激勵承銷商降低代理衝突的目的。

Ljungqvist and Wilhelm（2003）利用美國 1990 年代的數據進行實證檢驗，結果表明發行人實施更強的監督激勵能夠有效降低 IPO 抑價率。他們使用上市公司高管（如 CEO）持有股份的多寡作為監督激勵的代理變量，高管持股比例和抑價率成反比關係。另一方面，而 Muscarella and Vetsuypens（1989）利用 1970—1987 年，38 家美國自己為自己的 IPO 擔任承銷商的投資銀行作為研究樣本，對 Baron 的模型進行了實證檢驗，實證結果表明即使是發行人和承銷商是同一人，這 38 家上市公司仍然存在顯著的抑價現象。因此，委託—代理理論對 IPO 抑價現象的解釋仍然存在進一步完善的可能。

（2）「贏者詛咒」理論。Rock（1986）基於 Akerlof（1970）「檸檬市場」信息不對稱理論，對 IPO 抑價現象構建了「贏者詛咒」模型進行解釋。他假設外部投資者由於對公司質量與發展前景擁有不同的信息，將其分成兩類：一類是完全擁有新股信息的投資者，稱為知情投資者；另一類是完全不瞭解信息的投資者，稱為不知情投資者。當新股發行時，兩類投資者都面臨進行投資選擇的問題，不知情投資者將面臨一個逆向選擇問題：他們預期到自己獲得溢價發行的股票（overpricing）的概率要大於知情的投資，因為知情投資者會避免參與這種有損失可能的證券發行；同理不知情投資者預期到自己獲得抑價發行的股票概率要低於知情投資者，因為知情投資者會盡力參與這類投資。

Rock 假設不知情投資者也是理性經濟人，雖然具有新股信息劣勢，但將按照理性經濟人的方式最大化自身利益。於是不知情投資者會要求發行人給予補償，否則將行使逆向選擇，退出新股發行市場，而新股發行市場僅僅由知情投資者參與投資將不能滿足資金需求。因此，發行人為了吸引不知情的投資者參與申購，需要預期回報率非負至少使得不知情投資者能

夠獲得收支平衡。因此所有的 IPO 都需要採用抑價發行的方式吸引不知情的投資者參與。「贏者詛咒」理論的實證檢驗的一個關鍵是，不知情的投資者參與新股投資獲得的收益僅僅能彌補他們參與新股付出的成本，由於美國證券市場最終獲得新股配售的投資者信息並未公開，「贏者詛咒」理論在美國沒有得到實證檢驗。

Koh and Walter（1989）利用新加坡證券市場 1970 年代至 1980 年代 66 家 IPO 數據，Levis（1990）利用 123 家英國上市公司數據，Keloharju（1993）利用芬蘭數據，Amihud，Hauser and Kirsh（2003）利用以色列數據對 Rock 理論進行了實證檢驗，但並未能得到一致的結論。Koh and Walter 的研究結果表明研究樣本中新股首日抑價率越高相應的二級市場中簽率越低，當取消配售限制（Rationing）之後，IPO 平均抑價率水平從 27% 回落到 1%。Keloharju 的研究表明，不知情的投資者 IPO 初始回報率為負，而收支平衡。Levis 的研究結果表明，全體樣本平均 IPO 抑價率為 8.6%，但對於中等或小規模上市公司，其抑價率低於 5.14%。Amihud 等人的研究結果同樣顯示不知情的投資者獲得新股配售的收益率為 -1.2%。

依據 Rock 理論可以推出，如果投資者間信息差異逐步縮小，那麼 IPO 抑價率也應降低。Michaely and Shaw（1994）利用業主有限責任合夥公司（MLP）IPO 數據，對投資者信息差異降低導致 IPO 抑價率問題作出了實證檢驗。機構投資者因為稅收因素盡可能地迴避投資業主有限責任合夥公司，所以參與 MLP 新股發行的投資者基本是散戶，這些投資者之間的信息差異比有機構投資者參與的 IPO 要低。實證結果也表明，MLP 公司的 IPO 抑價率顯著低於非 MLP 公司，從另一個側面證明了 Rock 理論。一般文獻將機構投資者作為知情投資者，散戶作為不知情投資者，研究機構投資者在 IPO 中能否獲得比散戶更高的回報率也成為間接驗證 Rock 理論的依據。

Hanley and Wilhelm（1995）的研究表明機構投資者在抑價（underpricing）和溢價（overpricing）IPO 發行中所獲得的配售比例並沒有顯著差異。

而 Aggarwal, Prabhala and Puri（2002）的研究則表明機構投資者在 IPO 中的回報率顯著高於散戶，主要原因是它們在價格合適的 IPO 中獲得了更大的配售份額。Beatty and Ritter（1986）對 Rock 模型進行了重要的擴展，認為新股發行價格與上市公司事前（Ex-ant）不確定程度存在相關關係。承銷商需要設計合理的新股發行抑價程度以防止不知情投資者的逆向選擇。承銷商制定 IPO 抑價程度時，需要考慮上市公司事前不確定性，由於擬上市公司存在諸如盈利預期、高管人員變動等事前不確定問題，承銷商最終確立的過高或過低的抑價水平都將導致承銷商市場份額的下降。文獻中衡量上市公司事前不確定性的代理變量主要包括公司年齡（Ritter, 1984; Megginson and Weiss, 1991; Ljungqvist and Wilhelm, 2003 等），公司的對數化營業收入等。

（3）信號傳遞理論。Allen and Faulhabar（1989）提出信號傳遞模型，該模型假設相對於外部投資者和承銷商而言，發行人對自己的公司具有信息優勢，而外部投資者假設是同質的且對新股沒有私人信息。在這種假設下，發行人將面臨「檸檬市場」問題，只有那些低於平均公司質量的發行人才願意以平均價格發售股票。因此那些高質量（high quality）的公司為了區分低質量（Low quality）的公司，必須為其高質量給投資者發出信號。投資者在觀察到上市公司發出信號后，依據貝葉斯法則（Bayesian law）更新對上市公司內在價值的先驗估計。通常假定二級市場較一級市場而言價格發現能力更強，新股發行后其價格會向內在價值迴歸，從而使購買高質量公司的投資者從 IPO 中獲益。高質量的上市公司在首次發行中通過抑價發行，向投資者傳遞了自身高價值的信號，為其后再融資提供了良好的基礎。

Welch（1989）和 Chemmanur（1993）均指出，高質量的上市公司首次發行抑價所帶來的損失將由再融資（SEO）中得到補償；而那些相對質量較差的公司，上市后經過二級市場的價值挖掘過程，往往無法獲得再融

資的機會，因此低質量的股票常常採用高於市場平均價格的方式進行 IPO，而短期內不會進行再融資活動。

關於信號傳遞理論的實證檢驗的文獻包括，Jegadeesh，Weinstein，and Welch（1993），利用美國 1980 至 1986 的 IPO 數據對信號理論進行了實證檢驗，結果表明 IPO 抑價率和再融資規模成正比，和再融資間隔時間成反比。Michaely and Shaw（1994）在信號傳遞理論下，在研究公司是否增發股票與 IPO 抑價率高低是否相關時，得到了與 Jegadeesh 等人相似的研究結論。同時 Welch（1996）認為高質量公司具有更小的發行規模和更長的上市間隔時間，高質量的公示確立上市計劃化后較低質量的上市公司等待時間更長，期望市場揭露其股票真實的內在價值。Spiess and Pettway（1997）實證研究表明，在其研究樣本中，內部人通常在股票發行前（pre-IPO）出售其所持有股份的 50%，而 IPO 抑價率的高低並不影響內部投資者做出這個決定，這就意味著高質量公司的內部投資者並未像傳遞信號模型描述的那樣，延遲出售其個人持有的股票。這樣的行為似乎反駁了信號傳遞理論。

（4）承銷商信息收集理論。信息收集理論由 Benveniste and Spindt（1989）首次提出。該理論主要適用於詢價發行新股，假定相對於承銷商和發行人而言，機構投資者對新股具有信息優勢。承銷商為了吸引更多的擁有信息的投資者披露真實信息，同時也為了避免搭便車現象的發生，通過設定最終新股發行價格以及股票分配方案等措施，保證那些願意向承銷商反應真實信息的投資者獲得收益。如果承銷商和機構投資者長期且反覆的在 IPO 市場進行交易，信息收集成本會有所降低。在重複博弈中，承銷商和投資者需要在當期收益與未來多期收益間進行權衡。同時承銷商和機構投資者在 IPO 市場中的重複博弈會改變激勵相容約束條件；一方面那些更多次參與 IPO 發行的承銷商將以更為低廉的成本收集新股發行所需的價格信息；另一方面即使面對新股出價更為激進，但參與 IPO 申購次數很少

的投資者，長期參與經驗豐富的機構投資者也會受到承銷商的青睞。

對承銷商信息收集理論的實證檢驗中 Hanley（1993）使用 1983 年到 1987 年間上市 1,430 家美國上市公司進行研究，發現發行價高於預期發行價範圍上限的 IPO 抑價程度要比最終發行價低於預期發行價範圍下限的 IPO 抑價幅度高。Cornelli and Goldreich（2001）以及 Jenkinson and Jones（2004）利用歐洲投行的數據進行了實證檢驗，結果基本支持信息收集理論，詢價階段報價越激進的投資者、經常參與投行 IPO 發行的投資者，它們獲得的配售份額相對也較大。Ljungqvist, Jenkinson, and Wilhelm（2003）對 65 個使用累計投標法發行新股的國家進行研究，結果表示美國投資銀行作為承銷商，主要投資者來自美國這兩個因素將極大影響 IPO 抑價率。美國投行承銷的 IPO 或以美國投資者作為主要融資對象的 IPO，平均抑價率比當地投行、當地投資者的 IPO 抑價率低 41.6%。

（5）承銷商聲譽理論。新股發行中，承銷商所扮演至關重要的角色，與此同時 IPO 定價是否合理，抑價率是否偏高也成為衡量承銷商質量的重要因素。McDonald and Fisher（1972）以及 Logue（1973）最早對該問題進行研究。他們的研究指出，作為重要金融仲介的承銷商，在新股發行過程中，可能一定程度緩解發行人和投資人信息不對稱，並且不同信譽的承銷商在 IPO 定價過程的行為也不盡相同。研究同時發現，小公司願意支付更高的費用聘請高信譽的承銷商承銷其股票，承銷商的信譽能夠增加小公司的附加價值。Johnson and Miller（1988）的實證研究表明，低信譽承銷商其承銷的 IPO 抑價率顯著高於高信譽承銷商。Dark and Singh（1998）和 Booth（1996）等人的研究均證實了這點。

3.1.2 基於發行制度的 IPO 定價效率文獻

基於 IPO 發行制度理論主要包括發行人及承銷商避免法律訴訟假說，承銷商等關係人二級市場價格支持假說，發行人稅收規避假說等。

(1) 發行人及承銷商規避法律訴訟假說。Logue（1973）是第一位將發行人可能面臨法律責任與 IPO 抑價現象聯繫起來的研究者。他認為發行人故意將新股發行價定在預期價格之下，以避免新股上市后表現不好可能導致訴訟風險。但是避免訴訟假說存在廣泛爭議。首先 IPO 抑價是一個全球現象，在世界各國均廣泛存在，並且從全世界範圍來看，世界其他國家的證券發行法律制度與美國有較大的不同。很多文獻表明，在澳大利亞、芬蘭、日本、臺灣等國家發行人和主承銷商並不存在像美國那樣的證券發行法律訴訟風險，但這些不存在法律訴訟風險的國家或地區仍然廣泛存在 IPO 抑價。Drake and Vetsuypens（1993）利用發行年份，發行規模以及承銷商聲譽三個因素將遭到訴訟的 93 家公司與未遭到訴訟的 93 家公司進行匹配，結果顯示涉及法律訴訟的 IPO 與未曾涉及法律訴訟的 IPO 之間的平均抑價率不存在顯著差異，因此即使在美國，避免訴訟假說也無法解釋 IPO 抑價現象。

(2) 主承銷商等關係人發行價格支持假說。Ruud（1993）最先提出價格支持假說，利用 463 只 IPO 股票的數據，發現這些股票 IPO 首日回報率呈現顯著的右尾分佈趨勢，並且在零以下的樣本幾乎沒有。Ruud 認為在沒有承銷商的價格支持下，新股上市后的收益應該和其他股票一樣呈現一個均值為正的正態分佈。承銷商或其利益相關機構有動機且有資金持續報出高於市場期望水平的價格，使得新股在上市短時期內收益呈現顯著向右偏的現象。並且隨著時間的推移，大概在第四個交易周，新股收益呈現正態分佈。其他研究者又相繼提供了承銷商托市的證據，如 Asquith, Jonathan and Kieschnick（1998），Ellis, Michaely and O´Hara（2000），Oehler, Rummer and Smith（2004），Aggarwal（2000）。他們使用了 IPO 上市初期交易情況的數據進行實證研究，其研究結果也支持 Ruud（1993）的承銷商托市假說。

(3) 發行人稅收規避假說。Rydqvist（1997）研究瑞典 IPO 時指出，

在 1990 年之前，瑞典的個人收入稅率遠大於資本所得稅率。在這樣的稅收激勵下，IPO 公司將股票抑價作為工資發放給員工以達到降低員工稅賦的目的。瑞典 1990 年稅收政策改革后，資產所得稅和個人收入稅的差距大幅縮小，相應導致 IPO 抑價率從 1980—1989 年的 41% 下降至 1990—1994 年的 8%。Taranto（2003）同樣也指出由於美國的股票期權稅收制度也將導致 IPO 公司管理層為了避稅考慮，以抑價的方式發行新股。雖然稅收規避假說不能單獨解釋為什麼會出現 IPO 抑價現象，Taranto 做橫向比較時發現，在其他因素相同的條件下，擁有越多管理層及員工期權的公司其 IPO 抑價率也越高。

3.1.3 基於所有權與掌控權理論的 IPO 定價效率文獻

控制權掌控理論。根據 Jensen and Meckling（1976）的理論，公司一旦向廣大公眾公開發行股票就意味著所有權（ownership）和經營權（management right）的分離，公司實際的所有者與公司實際的經營管理人員並不是同一人，將導致股東與經營者之間產生委託—代理問題：管理層可能出於自身利益最大化（最大化特權消費）而損害外部股東的利益。在控制權掌控理論的框架下，文獻中給出了兩個截然相反的理論模型用來解釋 IPO 抑價現象：Booth and chua（1996）利用上市公司股權分散假說對 IPO 抑價現象進行瞭解釋。其研究模型認為，基於二級市場有效性假說，數量眾多的機構投資者、中小散戶投資者在二級市場對上市公司股票進行頻繁且大量的買進、賣出交易行為使得股票真實價格能夠被二級市場信息所反應。這需要 IPO 股票滿足良好的流動性，為了滿足 IPO 股票良好流動性的要求，需要有較為分散的股權治理結構。發行人為了滿足新股二級市場流動性的要求，在一級市場發行定價時有意壓低新股發行價格，從而造成新股發行時市場出現超額需求，從而導致發行后上市公司股權大多被中小投資者和散戶持有，股權分佈較為松散的狀況，從而間接提升二級市場股票流

動性，與此同時較為分散的股權結構也十分有利於上市發行前原有股東對公司的掌控地位。因此，Booth and chua（1996）認為 IPO 抑價發行是為了發行前的大股東在發行后繼續保持其對公司的控股地位，同時抑價發行有利於增強二級市場股票流動性，有利於減少公司內部與市場間的信息不對稱程度。

Brennan and Franks（1997）認為 IPO 抑價增加了代理成本，從而避免了外部股東對管理層進行有效監管以此達到管理層攫取控制權的目的。他們認為通過抑價發行，市場對低於預期價格的股票產生超額需求，管理層可以通過策略性的分配股票達到保護私人利益的目的。在此假設條件下，機構投資者或少數大股東將無法獲得較大額度的股份，管理層最終實現了外部股東盡可能分散化的目的。IPO 抑價在 Brennan and Franks 的理論中作用是產生超額市場需求，從而使得管理層能夠按照自身利益有選擇的分配股票。Brennan and Franks 利用 69 個英國 IPO 數據對該假設進行了實證檢驗，結果表明 IPO 抑價程度與外部股東股權分散程度成正比。

與 Brennan and Franks（1997）的理論相反，Stoughton and Zechner（1998）則認為 IPO 抑價發行能夠激勵外部股東進行監管，從而降低代理成本。他們認為新股發行時將股票分配給大股東的行為將有利於增加公司內在價值。管理層為了公司能夠得到更好的外部監管，期望將股票配售給外部大股東。但是如果實踐中，新股分配無法達到最優，新股抑價發行可看作是對投資者的額外激勵行為。Ljungqvist（2007）認為 Brennan and Franks 與 Stoughton and Zechner 對 IPO 抑價現象截然相反的解釋原因有兩點：一是兩個模型的發行制度背景不同，B. F. 模型是在按比例配售（Pro rata），而 S. Z. 模型在累計投標發行制度下，發行人擁有自主配售權。二是 S. Z. 模型假設公司管理層將外部股東監管成本內部化，而 B. F. 模型管理層更多的是考慮獲得公司掌控權后可以獲得的特權，而並未將整個公司的監督成本考慮在自身利益最大化函數中。由於這兩點假設的差異導致

完全相反的結論。

3.1.4 基於行為金融理論的 IPO 定價效率文獻

隨著金融文獻對世界各國以及各個歷史時期新股發行抑價現象研究的不斷深入，越來越多的學者認為僅僅用信息不對稱、訴訟風險或公司掌控權等傳統經典理論是無法解釋 IPO 抑價現象，特別是美國 20 世紀 90 年代末互聯網泡沫時期巨大的 IPO 抑價現象。20 世紀 90 年代以來，隨著行為經濟學、行為金融學等理論的興起，金融學者們開始逐步使用行為金融理論解釋 IPO 抑價現象。

行為金融學是通過觀察、分析和研究投資者的行為特性、心理傾向以及主觀預期，在有限理性人的假設基礎上，將傳統金融學對市場的分析進行拓展而形成的一套新的理論框架。行為金融學認為，投資者在決策時，首先對市場進行觀察，然後結合自身的行為習慣、心理傾向和主觀預期作出最終決策。行為金融學改變了傳統金融學「完全理性人」的假設基礎，使用更為貼近現實的「有限理性人」假設，提出投資者在市場中受到過度自信、框架依賴、損失規避、錨定等信念影響，出現系統性認知偏差。在傳統金融學注重整個市場內在邏輯的基礎上，行為金融學更加關注投資者個人行為的差異。

行為金融理論認為，金融資產價格不僅由資金時間價值和資金所面臨的風險狀況決定，而且受市場投資者交易當時的樂觀（悲觀）情緒、代表性啓發、可得性啓發、錨定與調整啓發法等多方面行為心理因素的直接或間接影響。投資者由於各種因素形成的「錯誤」的信念對金融資產價格將產生顯著的系統性影響，並且這種影響將使資產價格產生長期偏離，在短期內無法得到校正。

行為金融學使用更為貼近現實的基礎假設來代替傳統金融學。研究方向主要朝兩個方向展開：第一個方向強調投資者的投資決策行為並不是完

全、充分理性的；第二個研究方向從公司管理層的投融資等管理行為並不是完全、充分理性的。這兩方面的研究都是在逐步放鬆經典理論各個方面的嘗試中不斷發展的。非理性投資者研究範式中，存在兩條主要的基本假設；首先，非理性的投資者同理性投資者一樣，他們的行為也能夠影響有價證券的市場價格，非理性投資者並不像之前經典假設描述的那樣是噪聲交易者。第二個基本假設，管理者需要足夠聰明，能夠精準的區分市場價格（market price）與資產的基準價格（fundamental price）。Barberis, Shleifer and Vishny（1998）根據 Kahneman and Tversky（1997）的基礎研究提出模型，假定投資者在進行投資決策時會面臨兩種認知偏差：一方面是代表性偏差（representive bias），即投資者會依據近期資產價格等相關數據或某種特定的投資模式的相似性對資產未來價格進行預測，投資者過分重視近期數據或自身較為熟悉的估值模式，而有意識的忽略較長時間維度上的歷史數據或其他估值模式。另一方面認知偏差是保守性偏差（conservatism bias），即非完全理性的投資者不能及時根據變化了的市場情況及時修正自己的預期信念，這種認知偏差會導致投資者對新介入信息的反應是不足的。Hong and Stein（1999）模型假定市場由兩類有限理性的投資者構成：第一類有限理性的投資者被稱為「消息觀察者（information observeror）」；第二類有限理性的投資者被稱為「慣性交易者（Momentum trader）」。兩種有限理性的投資者只能「處理」公開信息中的一部分子集信息，消息觀察者不能給予歷史的資產相關信息對未來價格走勢進行預測重視，他們做出信息判斷的主要依據是自身觀測到的有關未來基本情況的信息，而自身觀測到的證券信息往往是存在偏誤的。第二類有限理性的投資者則正好相反，他們能夠依據歷史資產價格信息對未來做出預測，但他們的預測是基於簡單的函數關係，即過去價格高漲的資產未來也會延續這種高漲趨勢。Hong and Stein（1999）模型中第三個重要假設是，反應資產的信息在全體投資者間逐步擴散，從而導致資產價格在短期內可能出現反

應不足的現象。DHS（Daniel，Hirsheifer and Subramanyam，1998）的模型指出，投資者在進行投資決策時，存在兩類偏誤，其一是過度自信（over-confidence），其二是歸因偏差（biased self-attribution），投資者們通常高估了自身的認知能力，認為自己的對證券的預測及選擇較其他投資者而言更有可能獲得成功，過分相信私人信息的有效性，而低估了公開市場信息。過度自信的投資者給予私人信息尤其是自身判斷信息更高的權重，由於這種認知偏差將導致資產價格的過度反應。

錨定效應（anchoring effect）是指在許多情況下，人們在作出估計時常從某一個起始值開始，通過不斷對起始值進行調整最終得到估計值，這種啓發法被稱為錨定效應或調整啓發法。這種啓發法對起始值的調整通常是緩慢且不充分的，而起始值可能是受問題表述方式的影響，也可能是由於決策者不完全計算的結果。大量心理學實驗表明，研究人員對相同思維過程設定不同的起始值，會導致不同程度偏離起始值的最終結果。錨定效應在證券市場上的運用表現為，一旦投資者對特定資產組合由於各種因素形成較為穩定的初始信念后，該投資者就被錨定在這一已有信念上，並依此信念對該資產組合未來表現作出判斷。即使隨著時間的推移，市場出現了新的信息，但投資者由於錨定效應的存在，對這些新信息的反應是依賴於初始錨定，導致對這些新信息不能做出充分且有效的調整，最終導致資產組合價格對信息存在反應不足現象。Cutler，Poterba and Summers（1989）對錨定效應做出了實證研究，他們的研究表明，二級市場股票價格對某些重要信息的反應往往在短期內是不足的，投資者需要花費足夠長的時間逐步對該信息做出反應，股票價格也呈現初期波動較小，而后期逐步放大的趨勢。

基於 IPO 定價效率影響因素的行為金融文獻包含：

（1）投資者情緒假說（Investor sentiments）。傳統金融學中，投資者完全理性是有效市場的基本假說，並沒有對投資者情緒給予足夠的重視。然而，在金融市場中，卻觀察到大量非理性的投資行為。投資者做出投資決

策時，往往不是依據已獲得或公開的相關信息，而是根據噪聲（noise）進行投資決策。

　　Kahneman and Riepe（1989）通過心理學實驗研究表明，實踐中人們決策時會從三個方面違背標準決策模型，它們分別是：對待風險的態度、系統性違背貝葉斯概率和其他概率準則、對問題描述方式的敏感性（即「框架依賴」現象）。Kahneman等的研究結果表明，相對於同樣價值的得到，人們更厭惡失去。一般而言，人們對失去一定價值的評價是得到相同數量價值的兩倍多；在證券市場上，投資者遭受一定數量損失所感知到的痛苦是獲得相同數量收益所感受到的快樂的兩倍多。人們在對不確定結果進行預期時，通常會更加關注最近很短一段時間的歷史數據，並以此構建不確定事件未來發展方向，人們沒有意識到近期的歷史數據可能是由於隨機因素導致的結果，而不是事物發展的真正趨勢。框架依賴指出在不確定條件下進行投資決策時，對相同資產組合的不同描述方式將影響投資者的最終決策。

　　投資者異質性最早由Miller（1977）提出，並由Ljungqvist, Nanda, and Singh（2004）將其思想模型化。投資者情緒假說認為，投資者對股票價值存在異質性，而在賣空限制的條件下，股票價格是由最樂觀的投資者決定的。對IPO而言，二級市場存在賣空限制，持有悲觀預期的投資者無法通過賣空股票傳遞信息，而持有樂觀預期的投資者在二級市場上爭相購買新股，直接推動了新股價格高漲，進而產生了較高的上市首日收益。隨著交易的不斷進行，各方面信息的不斷更新，持有投資者的樂觀預期得到了修正，股價發生反轉，最終出現IPO長期弱勢表現的現象。

　　Cook, Jarrell, and Kieschnick（2003）將IPO市場發行氛圍分為「熱」發行市場與「冷」發行市場，他們發現只有在「熱」發行市場，IPO首日交易價格才出現大幅度高於預期價格的現象，這個結論與Ljungqvist（2004）的模型推論一致。Cornelli, Goldreich and Ljungqvist（2006）使用歐洲「灰色市場」（Grey market）上的IPO交易價格作為投資者情緒的代

理變量，對 12 個歐洲國家 1995—2002 年間 486 個樣本進行了實證研究，結果表明，投資者過度樂觀的情緒使 IPO 首日交易價格平均上升了 40.5%。並且在「灰色市場」交易價格高的股票，發行后價格發生反轉的可能性也越大。Cook, Kieschnick, and Van Ness（2006）的研究表明，發行人和承銷商在新股發行階段的推介活動與新股首日收益率有著顯著的正相關關係，他們認為這是承銷商將溢價（overvalued）新股賣給散戶以達到發行人和機構投資者自身利益最大化的目的。

Dorn（2002）利用德國 5,000 個散戶 IPO 數據，對投資者情緒假說進行檢驗，結果表明在「熱」發行市場時，散戶投資者往往持有樂觀預期，從機構投資者手中購買了大量已經超出內在價值的股票，而隨著時間的推移這些散戶有很大概率出現虧損。

Ljungqvist, Nanda and Singh（2006）的研究假設發行人、承銷商和機構投資者在 IPO 市場是理性的，而散戶投資者為非理性的，進一步假設發行人目標為最大化發行收入和上市后出售部分股份收入之和。發行人為了實現這個目標，將利用散戶樂觀情緒抬高新股交易價格，並要求獲得配售的機構投資者在上市后的一段時間內不得大幅拋售其持有股份，以達到維持較高 IPO 價格實現自身利益最大化的目標。

（2）信息瀑布假說。Welch（1992）提出一個基於信息不對稱的序貫模型，認為信息不對稱導致的信息瀑布是羊群效應產生的主要原因。投資者通過觀察之前投資者做出的投資行為，如果投資者認為放棄私有信息而跟從前面投資者的決策是一種理性行為和最優選擇，那麼就會產生信息瀑布。在信息瀑布假說下，正面的初始信號會激勵后來的投資人忽略其私有信息進行投資；而負面的初始信號會導致后來的投資者忽略私有信息放棄投資。如果所有投資者能夠無成本的自由交流私有信息，投資者可以得到該股票的全部信息，從而避免信息瀑布的產生。Welch 認為對於發行人而言，新股發行時出現信息瀑布狀態比投資者能夠自由交流私有信息狀態更為有利。因為自由交

流私有信息狀態下，全體投資者私有信息得到匯總，將導致有關公司負面信息最大化，並且對於單個投資者而言接收到負面信息的可能性也比信息瀑布狀態大。因此 Welch 指出新股發行之初，首先利用較低價格吸引少量潛在投資者認購股票，從而吸引后續投資者跟進購買，使得正向信息瀑布效應產生，IPO 抑價發行正是為了形成正向信息瀑布。

Asquith（1998）結合投資者情緒假說與信息瀑布假說，認為樂觀投資者在二級市場對新股的追捧將這種樂觀效應自我強化。新股首日的超高回報率也向后來的投資者傳遞著正面信息，這種樂觀效應的自我強化，導致 IPO「熱銷」現象持續存在。

（3）前景理論與心理帳戶假說。Loughran and Bitter（2002）利用前景理論和心理帳戶理論對 IPO 抑價現象進行解釋。他們指出，IPO 廣泛存在高抑價現象不是由投資者造成的，而是由發行人的決策行為偏差導致。該理論假設發行人最初的對 IPO 價格的心理預期是由最初招股說明書中價格區間的均值決定的，並將這個價格作為重要的參考點（reference point），以此衡量最終 IPO 定價的收益或損失。公司決策者認為最終發行價格超過參考點視為財富增加，而發行首日的正回報率視為財富減少。如果股票最終發行超過參考點帶來的財富增加心理效應大於首日 IPO 抑價產生的心理損失效應，決策者對承銷商的定價決策做出滿意的評價。他們的研究還發現，決策者對直接成本（如直接支付給承銷商等仲介機構的費用）的關注程度要高於因抑價發行所產生的機會成本。

Ljungqvist and Wilhelm（2005）對 Loughran and Ritter（2002）的假設進行了實證研究，他們發現在保持其他因素不變的情況下，公司在再融資（SEO）時，如果對 IPO 承銷商表現滿意，基本不會更換其承銷商，IPO 抑價率的高低也並未影響決策者更換承銷商的概率。投資者厭惡損失理論。行為金融學的通過實驗研究發現，通常情況下，人們對失去價值的感知是相同數量獲得的兩倍以上。投資者對可能面臨的財富損失的厭惡大於預期

財富獲得的喜悅。新股發行時跌破發行價對於承銷商及發行人的心理評價而言要遠高於溢價發行（overpricing）。在這種心理情緒下，實際IPO發行價格應低於市場預期價格，以保證新上市股票不會破發。由於發行人的這種損失厭惡情緒，導致IPO發行價定價過低。

3.1.5　國外風險投資IPO定價效率文獻

風險投資（venture capital investment）一般是指實行專業化管理、對新興的以增長為訴求的未上市公司進行股權式投資。西方發達國家的經驗表明：風險投資作為產業創新與金融創新相結合的金融仲介，更關注以「高科技、高成長、高風險」為特徵的新興公司。間接投資是風險投資市場的主流模式，投資者的資金首先流向中間機構，再由中間機構流向被投資公司。風險投資市場主要由三部分組成：資金供給者、資金管理機構、被投資公司，其結構見圖3.1。

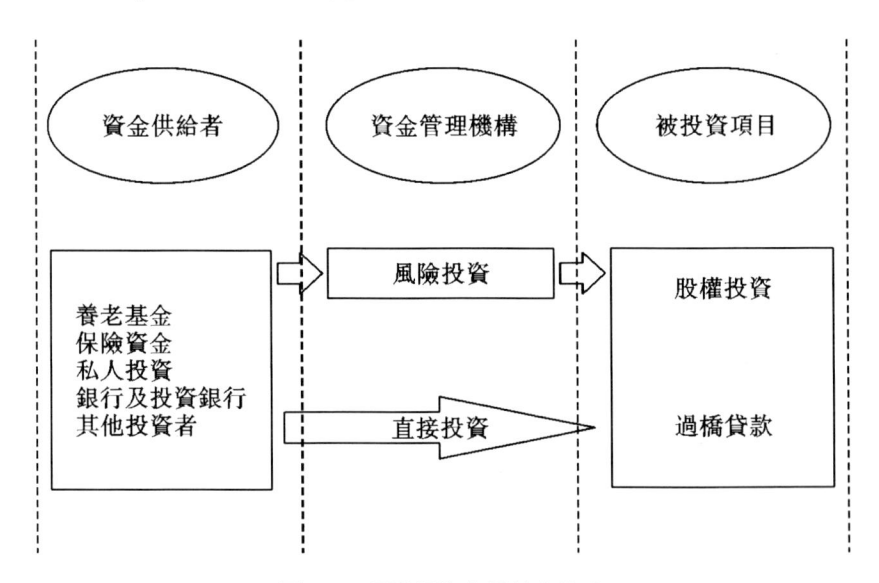

圖3.1　風險投資市場基本構成

註：過橋貸款（Bridge loan）是一種短期貸款，借款人使用它為長期低成本的融資提供擔保或償還現有債務。

由圖3.1可以看出，風險投資作為一種特殊的金融仲介，顯著的特點是面臨雙重委託代理問題。資金供給者與風險投資管理者之間存在第一重委託代理關係，作為資金管理者的風險投資與被投資項目（公司）之間為第二重委託代理關係。作為一種特殊金融仲介的風險投資管理機構能否減少資金供給者、與資金需求者之間存在委託—代理問題、風險投資參股能否解決資金供給者與資金需求者之間由於信息不對稱原因導致的融資約束問題，是近年來理論研究的熱點。風險投資存在的意義同所有金融仲介一樣，都是為了解決資金供給者與需求者之間的委託代理問題與信息不對稱問題。但由於風險投資管理機構設立的項目投資者基金一般均設定了明確「清算」時間，因而風險投資管理者為了能在基金「清算」日之前實現其約定的投資收益目標，往往忽視被投資公司的長期利益，激勵被投資公司採取對風險投資基金更為有利的行為。

（1）風險投資註資問題相關文獻

Sahlman（1990）指出風險投資最重要且最有效的監管機制是分期註資。並且風險投資註資的間隔時間越短意味著風險投資更加頻繁地監管所投資公司以及更加注重收集公司信息。

Gompers（1995）的實證研究也指出，風險投資者參股的公司其資產主要形式也決定了風險投資者監督強度。無形資產越多的公司面臨的不確定性越大，風險投資註資間隔時間越短；同樣研發現支出較多的公司，同樣面臨更大的委託代理問題，其風險投資註資間隔也會相應縮短。這些結論意味著風險投資在監督公司及收集投資公司信息上扮演著重要的角色。Gompers（2001）認為除了分期註資，風險投資還常常和其他投資者聯合投資。由於風險投資的投資對象多是創業之初的或是高科技公司，這樣的投資面臨極大的風險，在有限的資金條件下，聯合投資單個公司，風險投資機構可以對盡可能多的不同行業的公司進行投資，達到分散特定風險的目的。

Hochberg, Ljungqvist, and Lu（2006）對風險投資聯合投資及其投資公司業績表現進行了研究。他們構建了一個衡量風險投資聯合程度的指數，發現該指數與所投資公司業績表現顯著正相關，並且該指數高的被投資公司，接受下一輪風險投資再融資的概率也更高。

Baker and Gompers（2004）通過對1,116家IPO上市公司招股說明書的分析，對風險投資在IPO公司管理層所起作用進行了研究。他們的研究顯示，風險投資的角色不僅僅是提供公司發展所需資金，同時在管理層與外部股東的溝通過程中扮演了重要角色。風險投資也利用附加條件對薪酬加以控制，以加強對公司的監管（monitor）。風險投資常常要求公司所有人鎖定期持有股權，不允許其在短期內出售。類似的，如果公司無法完成合約目標，風險投資通過接下來的融資計劃大幅稀釋公司所有者的股份。因此，公司所有者為了保持其既有份額，必須努力去實現合約規定的業績表現。

Hellmann and Puri（2002）研究了風險投資給投資企業所帶來的價值增加問題，對170家硅谷創業初期公司進行了研究。研究發現，風險投資機構為這些公司引進了外部CEO，為管理層引入了期權制度，並完善了市場銷售體系與人力資源體系。

（2）風險投資退出方式問題相關文獻

從國內外的發展現狀看，風險投資主要有五種退出渠道：公開上市、買殼上市或借殼上市、併購退出、風險公司回購、尋找第二期收購、清算退出。據美國對442項風險投資的調查，60%風險投資通過公司發行股票上市退出，21%通過兼併收購退出，6%通過公司股份回購退出，9%為虧損清償退出，15%因虧損而註銷股份。在不同的退出方式中，風險投資的回報率差別很大，其中，通過公司股票公開發行上市退出的回報達到1.95倍，兼併收購的投資回報達到0.4倍，公司回購股份的回報達到0.39倍，而虧損清償的損失是-0.34倍，因虧損而註銷股份的損失則是-0.37倍。

公開上市，是風險投資的公司第一次向社會公眾發行股票，是風險資本最主要的、也是最理想的一種退出方式。對於因為不滿足公開上市條件而不能直接通過公開上市方式順利退出投資領域的風險資本，買殼上市與借殼上市，這是一種很好的退出方式。併購退出方式是指風險投資可以通過由另一家公司兼併收購其所投資的公司來退出。投資公司發展到一定階段后，各種風險不斷減少，技術、市場優勢已經成熟，公司前景日趨明朗，此時，想進入這一領域的其他公司將會考慮選用收購的辦法介入。所投資公司回購將風險公司出售給其他公司有時會遇到來自風險公司管理層和員工的阻力。而採用由風險公司管理層或員工進行股權回購的方式，則既可以讓風險資本順利退出，又可以避免由於風險資本退出給風險公司營運帶來太大的影響。由於公司回購對投資雙方都有一定的誘惑力，因此，這種退出方式發展很快。主要包括：管理層收購（MBO）、員工收購（EBO）、賣股期權與買股期權三種方式。風險投資是一項高風險的收益活動，美國的數據顯示，只有10%~30%的項目會獲得成功，對於已確認項目失敗的風險資本應盡早採用清算方式退出以盡可能多地收回殘留資本。

對於風險投資而言，以IPO方式退出是最為常見也是最優的選擇，文獻也對風險投資與IPO的關係進行了大量理論與實證研究。Barry（1990）對美國1978—1987年間433家風險投資參股的公司與1,123家非風險投資機構參股的公司IPO定價效率進行了比較，結果顯示有風險投資參股的公司其IPO抑價率低於無風險投資參股的公司。Barry（1994）也指出，風險投資由於面臨基金到期的壓力，會存在激勵還未成熟的投資公司提前上市，他稱該問題為「逆向委託代理」。

Lerner（1994）利用1978至1992年350家風險投資參股的生物科技公司作為研究樣本，對風險投資參股公司IPO上市時機及風險投資參與創業公司註資時機進行了實證研究。研究結果表明：風險投資總是在二級市場價格高漲時將參股的公司推向IPO，而在二級市場價格低谷時，風險投資

機構選擇為創業企業提供資金。

　　Meggison 和 Weiss（1991）利用美國 1983—1987 年上市公司數據研究發現，風險投資在公司 IPO 過程中起到了「信息披露」和「認證」作用。由於風險投資機構在某一領域具有信息與專業優勢，其對公司的投資選擇不僅為公司提供了資金與管理支持，該投資行為也間接向市場上的外部投資傳遞了公司的內部信息，從而降低了公司上市融資成本，提升 IPO 定價效率。這一理論得到了 Nahata（2008）、Arikawa and Imadeddine（2010）等學者的支持。

　　Hellmann 和 Puri（2002）認為，相對於傳統財務投資，風險投資能夠起到增加公司價值的作用。Gompers（1996）提出風險投資具有「逐名（Grandstanding）」假說，由於大多數風險投資採用契約或有限合夥的組織模式，在經營業績與經營年限的雙重考核下，風險投資基金在期滿時需將出資人的本金、收益以現金或公司股票的形式返回，因此從業年限較短或聲望較低的風險投資機構更願意促使其投資的公司盡早地上市，通過公司上市這一事件建立聲望及社會關係網路為其后續再次募集資金、投資公司等帶來更大收益。

　　Francis and Hasan（2001）、Lee and Wahal（2004）利用美國的數據支持了逐名假說，Elston and Yang（2010）利用德國的數據支持了逐名假說。Kaplan and Stromberg（2004）認為風險投資與被投資公司間存在四類委託代理問題，因此風險投資對公司進行投資前會對公司進行風險盡職調查（due diligence），被投資公司的不同風險因素會影響最終的投資金額與投資條款，並且作為資金需求方的公司也會對風險投資機構的管理能力、社會關係網路等方面進行篩選。其他研究也表明，無論是投資前的盡職調查還是訂立激勵相容的投資條款都說明風險投資機構對公司的股權投資存在內生性。

　　Rosaa，Velayuthen and Walter（2003）利用澳大利亞有風險投資背景的

IPO 公司為研究樣本，對其在二級市場表現進行了系統性的研究。他們將由風險投資參股的公司首日折價及長期回報與無風險投資參股的公司進行比較分析，結論是風險投資參股並未能達到傳遞公司內部質量信號，降低公司 IPO 發行抑價的目的。

（3）風險投資 IPO 后持股鎖定問題相關文獻

按照美國的股票發行制度規定，風險投資者雖然能在 IPO 時出其部分持有的股份，但實際操作中，風險投資並不會在 IPO 過后很短的時期轉讓其全部股份。一方面是由於承銷商約定所有的內部人（包括風險投資）不能在 IPO 上市一定時期內（通常是六個月）變現持有的股票；另一方面風險投資考慮到短時期拋售持有的新股可能對其聲譽造成影響最終降低長期受益。因此就美國市場而言，風險投資通常不會在新股 IPO 后迅速變現持有股票。Brav and Gompers（2003）研究表明，一旦風險投資的鎖定期結束，可以通過兩種方式退出，其一是在二級市場向外部股東出售其持有股份；其二是風險投資更為常見的做法是將其持有的股份分配給資金供給者。在分配股票的時候，不管是公開還是非公開，Gompers 都發現了股票市場的超常負的收益率。Brav and Gompers（1997）還對風險投資參股的上市公司，IPO 后長期表現進行了研究，其研究結果表明有風險投資參股的上市公司 IPO 后五年的表現比無風險投資參股的公司更好。

3.2　國內 IPO 定價效率文獻綜述

中國證券市場起步較晚發展歷史較短，與西方成熟國家或其他新興市場國家相比，在發行制度、法律環境、市場氛圍等諸多因素上並不完全相同。但中國與世界上其他國家和地區一樣，新股發行存在著抑價現象，並且在相當長的時間裡抑價幅度相對較大。相關國內外研究表明主要發達國

家的 IPO 抑價率為 15% 左右，新興市場國家一般在 30%～80% 之間，而中國的 IPO 抑價率 1996—2010 年 A 股上市的股票全樣本平均抑價率為 109%。中國 IPO 抑價文獻主要集中在兩大類型研究，第一類利用中國市場數據檢驗西方已有模型效力；第二類，對中國新股發行體制改革進行研究，探討發行制度改革對新股發行效率的影響程度。由於中國證券市場發行制度尤其特殊，資本市場成立以來經歷了多次發行制度改革，國內文獻從發行制度改革角度入手，IPO 市場主體對經濟政策改變做出何種反應，以達到檢驗某些假說的目的或探求如何提升新股發行效率。通過對國內 IPO 文獻的梳理，本書將國內文獻分為三類：第一類文獻主要研究中國 IPO 高抑價率的影響因素；第二類文獻主要從行為金融理論對 IPO 抑價現象解釋和實證；第三類文獻著重從新股發行制度角度考察 IPO 抑價現象的變遷。以下分別從三個方面對國內文獻進行梳理。

3.2.1　中國 IPO 定價效率影響因素文獻

IPO 定價效率問題一直是金融學理論與實踐研究關注的熱點問題。中國學者利用中國 A 股數據，從「贏者詛咒」、信號傳遞、投資者與發行人信息不對稱程度、財務會計信息、股權結構等方面進行了研究。

王晉斌（1997）使用 1997 年 52 只 A 股 IPO 股票作為研究樣本，使用 Koh and Walter（1989）的研究方法對 Rock（1986）模型進行了實證檢驗，得出樣本新股短期超額收益率為 2.7%，遠遠超出研究樣本期銀行定期存款利率，他的結論是在中國 A 股市場上「贏者詛咒」假設並不能得到支持。浦劍悅和韓楊（2002）利用 2000 年 1 月～2001 年 8 月共 193 個 IPO 公司，利用中國 A 股數據對「贏者詛咒」假說和信號傳遞假說進行了實證檢驗，實證檢驗結果表明 A 股數據並不支持這些西方經典模型。陳工孟和高寧（2000）使用發行與上市的間隔時間作為發行風險的代理變量，對中國 A 股普遍存在的高抑價現象做出如下解釋：如果投資者認為該公司風險大，

擬上市公司會考慮使用抑價的方式發行新股，從而彌補投資者應購買股票而面臨的風險；同時，如果 IPO 公司計劃上市后短期內就進行增發股票（SEO），上市公司為了實現兩次發行收入總和最大化，那麼將在 IPO 時在一級市場上以相對較低價格發行新股，從而傳遞自身擁有良好資質的信號。杜俊濤等（2003）的模型研究表明，在經過中簽率等因素調整后，中國一級市場上仍然存在短期超額回報率；並且通過引入租金作為控制變量，他們研究結論認為新股抑價發行是為了保證國有控股公司順利上市和國有股東獲得最大效用的一種均衡結果。楊丹和王莉（2001）以1998—2000 年 225 只 A 股 IPO 股票為樣本，檢驗了 Rock 的「贏者的詛咒」假說。研究結果表明，新股抑價程度與信息不對稱正相關。王華和張程睿（2005）利用 2001—2003 年 175 家 IPO 上市公司，對中國股市投資者與發行人間信息不對稱程度分別與公司 IPO 籌資直接成本、間接成本及總成本存在的關係進行研究，研究結果表明，公司 IPO 前越不透明，越將承受更高的籌資成本。IPO 前提高公司透明度，增加主動披露，有利於降低 IPO 籌資成本。

李志文和修世宇（2006）認為政府對新股發行價格和市盈率的相關管制規定是導致中國出現高額抑價的主要原因。他們使用 1991—2004 年間 A 股 815 家上市公司作為研究樣本，通過實證分析表明：管理層針對限制定價市盈率的規定，為了提高上市公司股票發行價格，提供融資額，最直接的方式是上市前普遍進行盈余操縱，提高上市成功機率。這些方式也不可避免地導致受到損害是只能是眾多中小投資者。

朱凱等（2006）依據 Jensen and Meckling（1976）的代理成本理論，利用 2002—2003 年間 133 家 IPO 公司為樣本，研究了公司治理結構特徵對 IPO 抑價的影響。結果發現，控制權結構特徵以及關聯交易性質對 IPO 抑價有顯著影響，而董事會獨立性對 IPO 抑價影響不顯著。

汪宜霞和夏新平（2008）使用 1998—2003 年 520 家 A 股 IPO 公司為

样本，結果發現，中國 IPO 首日超額收益主要來自一級市場的發行抑價，但是二級市場溢價也占了五分之一的比重，並且發行監管是影響 IPO 抑價的主要因素，一級市場抑價隨新股發行的市場化進程而顯著降低。王新宇和趙邵娟（2008）利用 1998—2007 年間 1,998 只 A 股上市公司作為研究樣本，使用隨機前沿模型的極大似然法對中國新股發行定價的前沿進行了估計，他們的研究結論說明中國 A 股市場存在新股的「真實抑價」現象，一級市場往往以低於公司發行價格前沿的定價向二級市場出售新股，並且新股上市公司自身的特徵變量也會影響新股發行定價邊界。

徐浩萍等（2009）發現 2002—2005 年國有公司的 IPO 發行抑價比非國有公司平均高 29.95%，並研究了產權性質對 IPO 抑價的影響及背後的原因。研究結果顯示，即使控制了發行規模、盈利水平以及成長性等特徵之后，國有公司的發行折價仍然高於非國有公司。他們認為國有公司較高的 IPO 抑價主要來自於政府私有化意願較弱的公司，表現在 IPO 時及發行后兩年國有股比例減持幅度較小公司的 IPO 折價較高；同時，國有公司 IPO 發行折價與第一大股東持股比例、公司股權控制鏈的長度顯著負相關，這些關係皆不存在於非國有公司。他們的研究指出政策信號理論是導致國有公司高抑價的主要原因。

賀炎林和呂隨啓（2010）從公共信息與 IPO 詢價過程的關係考察 IPO 定價效率問題。他們利用 2005—2008 年 80 只中國 A 股數據作為研究樣本，使用市場收益作為公共信息的代理變量，認為初步詢價前第 i 周的市場收益率為網下初步詢價前公共信息，網下初步詢價開始到新股價格區間確定之間的市場收益率為初步詢價階段公共信息，新股價格區間確定到最終發行上市期間的市場收益率為累計投標階段新股公共信息。實證表明了網下詢價前和初步詢價階段的公共信息對新股價格區間產生了顯著影響，但在詢價制下的累計投標階段公共信息對最終 IPO 定價沒有產生顯著影響。

陳勝藍（2010）利用 2001—2007 年 432 家 A 股 IPO 數據，考察了財

務會計信息與IPO抑價之間的關係。研究結果表明：在其他因素保持不變的情況下，IPO抑價與操控性應計存在顯著的負相關關係，二級市場投資者能夠有效識別公司盈余管理程度，對使用了盈余管理的上市公司給予一個折價，從而表現出更低的抑價率。

邱冬陽等（2010）利用2006年到2008年深圳中小板市場IPO公司為研究對象，實證研究了IPO公司的內控信息披露狀況與二級市場抑價率的關係。研究結果表明，有效的披露上市公司的內部信息能夠降低公司與市場投資者間的信息不對稱程度，從而降低發行抑價程度，提升發行定價效率。馬君潞和劉嘉（2005）從IPO發行制度角度對抑價現象進行了研究。其結論是IPO的價格發現機制的選擇的確是定價準確程度的決定因素之一，並且在價格形成過程中，投資者參與定價的股票比發行人和承銷商直接定價的股票準確性高。

李國勇（2011）利用2006—2009年327家IPO上市公司為研究樣本，對我過IPO抑價影響因素進行了相關分析。研究結果表明，在其他因素保持不變的情況下，發行當日解禁股的總市值、定向配售與IPO抑價正相關，但是不顯著，限售股所占比例和貸款利率與IPO抑價顯著正相關，存款準備金率與IPO抑價顯著負相關。

郭泓和趙震宇（2006）利用2001—2003年A股320家上市公司數據，根據發行制度的改變將樣本劃分為自由定價與管制市盈率兩個時期，實證研究了承銷商聲譽對在滬深兩市上市的公司的IPO定價、初始回報和長期回報的影響。研究發現樣本中承銷商聲譽對IPO定價和首日抑價率沒有影響，但是承銷商聲譽對IPO公司的長期回報有顯著的影響，承銷商聲譽越好，IPO公司的長期回報也越高。劉曉明等（2009）通過構建承銷商聲譽的衡量方法，檢驗了承銷商聲譽與抑價率之間的關係。研究結果表明聲譽好的承銷商承銷的股票的折價率小於聲譽差的承銷商，這與承銷商聲譽具有消除信息不對稱的作用的結論相一致，也證明了信息不對稱的確對折價

產生較大影響。沈哲和林啓洪（2013）認為承銷商不能起到降低信息不對稱成本的作用。他們利用2004年到2011年上市的1,025個新股樣本檢驗了承銷商聲譽和新股抑價程度之間的聯繫。雖然新股抑價程度和承銷商聲譽表面上存在負相關，但是一旦控制了和板塊相關、和年份相關的固定效應以后，這一負相關的顯著性明顯減弱甚至消失，並且主板新股抑價程度隨著承銷商聲譽的提高而增加，中小板和創業板新股抑價程度則隨著承銷商聲譽的提高而降低。對於相同的承銷商聲譽，中小板新股抑價程度的降低幅度似乎要大於創業板新股。王兵等（2009）就審計師聲譽與IPO抑價率關係進行了實證研究，利用2005年1月至2008年6月260家IPO上市公司作為研究樣本。實證結果表明，審計師聲譽與IPO抑價率負相關，尤其是對於民營上市公司而言，上述結論更為穩健。李常青和林文榮（2004）使用1999—2002年A股IPO發行的312家上市公司為研究樣本，實證檢驗了會計師事務所聲譽與IPO抑價的關係。結果顯示中國會計師事務所的聲譽並不能降低IPO抑價幅度。他們認為一級市場股票供求關係極度不平衡和中國證券市場法律風險低，缺乏嚴格的民事賠償制度，會計師事務所的違約成本低是導致中國會計師事務所聲譽並未影響IPO定價效率的主要原因。徐春波和王靜濤（2007）利用2001—2005年300只IPO上市公司為研究樣本，實證檢驗了承銷商聲譽對中國A股新股發行抑價率的影響。研究結果表明承銷商聲譽等因素並不影響新股定價與新股首日抑價率。徐浩萍和羅煒（2007）利用1998—1999年投行聲譽建立期的194家IPO上市公司以及2002—2004年投行聲譽檢驗期227家IPO上市公司兩階段研究樣本，從執業質量和市場份額兩個維度衡量投資銀行聲譽檢驗中國投資銀行聲譽機制的有效性。結果顯示在中國證券市場上，投資銀行聲譽機制在一定程度上顯著地發揮作用。許榮等（2013）利用同時作為主板和創業板承銷商的618個IPO為研究樣本，對承銷商聲譽在主板與創業板之間是否存在差異進行了實證研究。研究結果表明，多個承銷商聲譽的代理

變量能夠有效降低創業板 IPO 抑價率，而在主板市場這些承銷商聲譽的代理變量係數卻並不顯著，說明金融市場不對稱程度將影響金融仲介的功能發揮。

3.2.2 行為金融學角度解釋中國 IPO 定價效率的文獻

20 世紀末以來，行為金融學在中國的研究領域也得到了廣泛關注。隨著中國資本市場的不斷發展，各項規章制度逐步完善，越來越多的國內學者開始運用西方行為金融學理論解釋中國證券市場各類現象，從投資者行為的視角，對 IPO 定價效率、金融市場結構與績效、證券價格波動等問題上做出了深度的剖析和全新的解釋。本節對國內學者運用行為金融學理論探討 IPO 定價效率的文獻進行了回顧和梳理。

田高良，王曉亮（2007）運用多元性迴歸模型對 2001—2005 年在深滬兩市上市的 288 只 A 股新股，就 IPO 效率影響因素進行了實證研究。研究引入市場氛圍解釋變量，將深滬兩市市場氛圍衡量指標予以統一。研究結果表明，發行價、市場氛圍、上市首日換手率、資產規模等變量對 IPO 抑價率有顯著影響。

韓立岩和伍燕然（2007）運用不完全理性投資者情緒理論對國內 IPO 市場抑價現象進行瞭解釋。利用首日換手率和交易所月新開戶數作為投資者情緒的代理變量，實證結果表明在控制其他變量的條件下，IPO 首日收益率與首日換手率、當月交易所新開戶數顯著正相關；並且利用非參數統計的方法對投資者情緒的跨期影響進行了檢驗，結果顯示中國 A 股市場存在明顯的投資者情緒對 IPO 首日收益率雙向反饋關係。

王燕鳴和楚慶峰（2009）利用 1996—2007 年中國 A 股 35 個行業 816 家上市公司為研究樣本，使用 Fama-French 三因素模型，並結合事件研究的方法，實證檢驗了新股 IPO 對其所處板塊的其他股票回報率的影響。結果表明：與該新股 IPO 處於同一板塊的其他股票從整體上來看存在著正的

超額回報率，並且 IPO 規模，IPO 個數等因素都將顯著影響 IPO 所屬板塊的其他個股收益。

劉煜輝和沈可挺（2011）利用隨機前沿分析法研究影響 IPO 首日高回報率的影響因素。結論認為 IPO 抑價僅能解釋新股上市首日超額收益的12.7%，即一級市場抑價並非是造成中國 IPO 異常高的首日超額收益的主要原因，而中國股票市場的供給控制構成了 IPO 高抑價非理性解釋的制度基礎。

王棟和王新宇（2011）利用分位數迴歸的方法研究中國 2009 年 6 月新股發行改革后深圳中小板、創業板市場投資者情緒對 IPO 抑價的影響。結果顯示，新股發行改革后中國 IPO 抑價率依然很高；首日換手率、中簽率、發行市盈率這些反應投資者情緒的指標是影響中國深圳中小板、創業板市場 IPO 抑價的重要因素，通過分位數迴歸發現中國不同分位點上 IPO 抑價影響因素有很大的不同。

江洪波（2007）運用逐步迴歸的方法，將所有可能影響 IPO 抑價率的因素逐步放入模型逐步迴歸，通過比較不同變量迴歸係數在模型中的顯著程度，選出最顯著的變量，並認為這些變量是解釋 IPO 高抑價現象的原因。他的結論是二級市場的非理性因素和投機心態對 IPO 定價和抑價產生顯著影響。

陳柳欽和曾慶久（2003）通過實證分析表明中國的股市存在較為嚴重的 IPO 抑價現象，新股的超額收益率，遠遠超過市場平均收益率，形成了一、二級市場的風險與收益的不對稱。影響 IPO 超額收益的主要因素是：過度的投機，信息披露的不完善，非流通比率較高。

王春峰等（2007）提出了一種新的衡量投資者情緒的方法。採用后向歸納法，得出新股抑價程度與投資者樂觀程度成正比，但由於信息不對稱等因素的影響，發行價格的提高程度並不及投資者的樂觀程度。

李博（2010）以 2000—2008 年 719 家 A 股上市公司為研究樣本，利

用封閉基金折價率等因素構建了二級市場投資者情緒因子，得出了二級市場投資者情緒因子與新股首日抑價率顯著正相關的結論，說明二級市場投資者情緒在新股詢價制下能夠得到更好的反應。

3.2.3　發行制度變革對 IPO 定價效率影響的文獻

劉煜輝和熊鵬（2005）指出，一方面股權分置導致了市場利益機制的扭曲，形成了二級市場的巨大泡沫；另一方面，政府管制的制度安排割裂了一、二級市場套利機制，使投資者的套利行為失效，並且政府對新股發行的管制「尋租」行為，潛在地增加了新股發行成本，因而形成中國 A 股市場異常高的 IPO 抑價現象。肖曙光和蔣順才（2006）利用 1990—2003 年 A 股 1,137 家上市公司為研究樣本，實證檢驗了股權分置制度、行業制度因素、其他制度因素以及制度變遷對 IPO 定價效率的影響。研究結果表明作為審批制前后期過渡年的 1992 年是 IPO 抑價率變化的分水嶺，之前非常高，之后得到顯著降低。審批制演變到核准制，IPO 抑價率整體上呈下降趨勢，隨著將來向註冊制過渡，這一趨勢有可能繼續，直至接近國外股市 IPO 抑價率水平。蔣順才等（2006）利用 1991—2005 年首次公開發行並在上海和深圳交易所上市的 1,230 家 IPO 樣本，發現其平均首日抑價率高達 145.87%，若將 15 年來中國 A 股 IPO 發行審核制度分成 4 個階段，其平均首日收益率逐漸下降。利用多元迴歸模型控制二級市場氣氛等代理變量，實證結果表明，歷史上中國各階段新股發行制度的改革是 A 股 IPO 首日抑價率最重要的影響因素。

田利輝（2010）通過理論論證和實證檢驗指出金融管制和投資風險導致了中國股票發行超額抑價。他認為：從根本上講，中國以往的新股發行超額抑價現象是制度性抑價，是政府干預市場的結果。田利輝等（2013）通過供求理論分析和實證計量檢驗，研究發現中國政府主導的發行制度漸進式改革能夠顯著減少新股發行超額抑價程度。放松對於新股供給和定價

的管制，使新股發行依靠市場作為配置資源的主要手段的制度變遷能夠推動金融發展。朱紅軍和錢友文（2010）從發行制度視角，根據管制經濟學中政府准入能夠創造「租金」的理論，對 IPO 抑價現象進行了分析。他們認為發行制度變化導致租金分配變化，最終會影響 IPO 抑價率變化，並且他們使用 1992—2008 年間的 A 股 IPO 樣本，控制了市場氛圍等其他因素后進行檢驗，結果顯示「租金分配觀」更符合實證結果。嚴小洋（2008）認為中國 IPO 首日超高抑價率的產生主要原因是政府對新股進行了價格管制，對新股發行價格的管制導致二級市場價格與發行價格產生巨大偏離，二級市場價格與政府管制下的發行價格導致了股票市場上的「租金」。當 IPO 發行的新股無法通過價格手段對供需進行調整時，類似於「排隊成本」的其他「準價格」機制開始對資源配置發揮作用，中國 A 股市場的「準價格」機制就是巨額「打新」申購資金。從市場的實際表現來看對新股發行價格進行管制不僅不能有效降低二級市場首日偏高的股價，反而是導致新股高抑價的主要原因。周孝華等（2006）利用 1995—1999 年和 2001—2005 年 354 個 A 股 IPO 數據，通過構建 IPO 相對定價效率，對審批制與核准制兩種發行制度下的 IPO 定價效率進行實證研究。研究結果表明：1995—1999 年的審批制下，新股定價反應的相關信息相對有限，而 2001—2005 年核准制下，新股定價反應的相關信息明顯增多，說明中國新股發行定價效率在核准制下得到了顯著提高，IPO 定價趨於合理。

於富生和王成方（2012）利用 1992—2010 年 1,939 家 A 股上市公司作為研究樣本，利用多元迴歸模型實證檢驗了股權結構，尤其是國有股權占比與新股抑價率的關係。實證結果表明：隨著國有股權所占比重的提高，新股發行抑價率也隨著顯著提高，與此同時政府管制程度也將影響國有股權比重與 IPO 抑價率的關係。

3.2.4 國內風險投資 IPO 定價效率的文獻

由於國內的風險投資市場發展時間較短，對風險投資的相關研究也遠

遠落后於國外。國內關於風險投資的文獻主要集中在兩方面：第一，對風險投資相關概念及營運流程的描述性介紹；第二，運用中國數據對西方理論進行檢驗。

辜勝阻和曾慶福（2003）針對中國風險投資的現狀和問題，認為有六大要素在很大程度上影響甚至決定著風險投資的進程，它們分屬於兩個不同的層面，即基本要素層（資金、技術、人才）和組織要素層（制度、環境和通道/退出），並提出了中國發展風險投資的戰略對策。王曉東等（2004）對風險投資退出機制進行了研究，在對風險投資退出的相關理論進行分析的基礎之上，通過比較首次公開發行和公司併購兩種退出方式的績效，探討了風險投資退出績效的內涵、評價標準和評價指標體系等問題。李建華和張立文（2007）在詳細介紹發達國家風險投資市場運作機制和剖析中國風險投資市場存在問題的基礎上，結合中國金融業現狀，特別是中國信託業發展的新趨勢，分析了信託制度與風險投資市場的內在關聯性，並對未來風險投資市場的完善提出了建議。

錢蘋和張幃（2007）利用1998—2007年中國風險投資數據為研究樣本，對風險投資回報率及其影響因素進行了實證研究。研究結果表明，國有創業投資機構退出項目的投資回報率低於非國有創業投資機構；創業投資機構的從業時間越長，其創業投資的回報率越高；創業投資機構資本規模越大，其創業投資的回報率越高；商業文化和市場發達地區的創業投資機構的創業投資回報率高。

臧展（2009）對風險投資理論與中國的問題進行了研究，梳理了風險投資相關概念、特點、發展風險投資對中國國民經濟的意義、中國現階段風險投資市場存在的問題，以及中國風險投資未來發展的方向。

王玉榮和李軍（2009）使用中小板塊數據及迴歸分析方法，對公司專利申請數、風險投資持股比例以及公司研發投入占比指標進行了分析，結果顯示：有風險投資背景公司的申請專利數要遠遠高於非風險投資背景公

司的申請專利數；風險投資股東持股比例與公司自主創新資本投入強度呈正相關關係，即風險投資在技術創新投入活動中發揮了相對積極的影響，但與公司自主創新效果指標之間呈現不顯著的負相關關係。王榮芳（2012）討論了中國私募股權投資基金監管制度的構建。他認為為了保護投資者合法權益不受到侵害，投資人限制制度、基金管理人規範制度、廣告宣傳限制制度和信息披露規範制度等相關制度的建設將起到重要的作用。

張凌宇（2006）利用 50 家中小板上市公司中 12 家擁有風險投資參股數據得出，風險投資參股的公司 IPO 抑價率大幅高於非風險投資參股的公司，認為該現象可由逆向選擇理論進行解釋。賈寧和李丹（2011）利用 2004—2008 年中小板上市公司數據，研究了新股上市及上市后表現，其結論是風險投資參股公司 IPO 抑價率顯著高於非風險投資支持公司，中國實際情況能夠用「逐名」假說解釋。唐運舒和談毅（2008）以香港創業板為研究對象通過實證分析發現，風險投資顯著地影響持股公司 IPO 時機的選擇以及 IPO 后的經營業績，在控制了盈余管理等因素后風險投資對 IPO 后經營業績有著正的積極影響；但風險投資沒有能夠有效抑止 IPO 公司誇大投資需求的行為，籌資規模過大、資金使用效率低下的現象在有風險投資持股的公司中依然存在。談毅等（2009）在總結中小公司板整體發展情況的基礎上，沿用西方配對實證分析方法，對中小公司板上市公司在五大方面進行配對樣本對比檢驗。結果發現，風險投資在 IPO 抑價、上市費用、研發投入方面並沒有顯著積極影響；在長期營運績效、超額收益方面，風險投資參與公司都顯著差於無風險投資參與公司。

李曜和張子煒（2011）利用 2009—2010 年 153 家創業板上市公司數據，發行私募股權參股的公司 IPO 抑價率較非私募股權參股的公司更高，私募股權投資並不能對公司 IPO 起到「認證」作用，而天使投資對公司的股權投資並不影響其 IPO 抑價率。張學勇、廖理（2011）的研究發現：外

資和混合型風險投資的 IPO 抑價率更低，股票市場異常回報率更高；外資投資公司的抑價率更低，股票異常回報率更高，其原因是外資風險投資策略更謹慎，投後對公司治理安排更合理，導致了更低的抑價率和異常回報率。吳超鵬等（2012）發現風險投資參股可抑制公司對自由現金流的過度投資，還可增加公司的有息負債和外部權益融資，一定程度上緩解因現金不足而引起的投資不足問題；高持股比例、高聲譽、聯合投資和非國有背景的公司才能顯著改善外部融資環境，緩解現金短缺公司的投資不足問題。梁建敏和吳江（2012）以創業板市場為樣本，通過實證分析發現：風險投資在控制盈餘管理方面有積極正面的影響；在上市時機選擇方面，由於中國上市仍採用審批制，有風險投資和無風險投資在這一點上沒有明顯差異；同等資本下有風險投資持股的公司募集資金的金額少於無風險投資持股的公司，有風險投資持股的公司發行后經營業績的情況好於無風險投資持股的公司，風險投資的介入對於公司經營業績有明顯的正向作用。

範宏博（2012）收集了 1998—2005 年間的投資樣本，採用 Logit 迴歸的方法對中國風險投資業績的影響因素進行了實證分析。本書的研究結果表明：風險投資的業績主要由被投公司的質量來決定，風險投資的經驗和網路聯繫並沒有提高其投資業績；風險投資獲取利潤的主要方式是通過投資於成熟公司，將這些公司推向 IPO 市場上獲得的。中國風險投資並沒有體現出為被投公司提供增值服務的特徵。陳偉和楊大楷（2013）研究風險投資的異質性對 IPO 抑價及 IPO 后收益是否有影響。研究結果表明，風險投資的異質性會影響抑價，其中獨立風險投資降低 IPO 抑價的程度最高，其次是公司背景風險投資，而政府背景風險投資則沒有影響。風險投資的異質性同樣也會影響 IPO 后收益，其中獨立風險投資和公司背景風險投資對 IPO 后收益具有顯著的正向影響，而政府背景風險投資則沒有影響。結果揭示，在中小板，風險投資的異質性會影響 IPO 抑價和 IPO 后收益，從而說明風險投資內部的差異性對風險公司的影響是存在的。

3.3 股票估值相關理論文獻綜述

股票作為一種有價證券其一級市場、二級市場的價格是其內在價值的集中體現。文獻中對市場交易中的股票主要有兩種方式對其內在價值進行評估：一種是股票直接估值假說，另一種是股票間接估值假說。所謂股票直接估值假說也被稱為股票內在價值法，該方法強調依據所需估值的資產自身歷史、未來特性決定內在價值，交易的價格為資產歷史、未來信息的集中反應。第二種方法為股票間接估值法，該方法將需要評估的資產與其相類似的其他可比資產進行比較，依據有效市場與無套利假說，同質或近似的可比資產在有效市場上應該具有相同或相近的交易價格。新股發行定價效率，本質上是新股內在價值估計的過程，在詢價制下一級市場和二級市場的不同類型的投資者對新股內在價值估值會對新股發行效率產生重要影響。本節對文獻較為成熟的股票估值方法進行了綜述，為本書后續研究打下理論基礎。

3.3.1 直接估值法

股票內在價值直接估值法，使用股票自身相關指標對股票內在價值直接進行評估。該方法認為，在有效市場假說的前提下，股票的歷史信息和投資者對股票未來收益信息可以集中體現在股票交易價格上，並且股價隨著歷史信息和未來預期的改變進行不斷修正。該估值方法主要包括現金股利折現模型、自由現金流折現模型、盈余折現模型等。Shiller（1984）認為股票存在一個內在客觀的價值，而市場交易價格的無條件均值就等於其內在價值。

現金股利貼現模型，由 Williams（1938）年提出，該模型的對后來股

票內在價值估值產生了巨大的影響，是股票估值模型中最基本的理論出發點。現金股利折現模型假設：公司以盈利為目的且能夠長期持續經營，股票內在價值等於持有該股票的投資者未來可能獲得的現金股利的貼現之和。具體表達式為：

$$V_t = \sum_{i=1}^{\infty} \frac{E(D_i)}{(1+r)^i}$$

其中 V_t 為股票在 t 時期的內在價值，$E(D_i)$ 為股票在第 i 期現金股利的期望值，r 是折現因子。由於無法對無限期股利進行預測，后續文獻對未來現金股利提出了不同增長率假定，又將現金股利折現模型分為：零增長模型、固定增長率模型、多階段增長模型等。Williams 提出的現金股利折現模型在實際運用中也存在一些缺陷。第一，該模型需要對現金未來股利與貼現率進行預測，預測的準確程度將直接影響該模型的有效性，在較短的時期內可能現金股利折現模型可以得到較為準確的預測，而如果將股票未來股利放在一個更長的時間範圍，可能得出股票內在價值的結論與現實股價存在較大差異。第二，該模型認為未來現金股利發放越多，股票內在價值也相應越高，但實際中發放較高現金股利往往意味著公司缺少投資機會，因此處於快速成長期的公司可能在很長時間內並不大規模發放現金股利，但這並不意味著這類公司內在價值較低。

自由現金流貼現模型，由 Jensen（1986）基於 Williams 現金股利折現模型提出。該模型假定公司以盈利為目的，且在可以預見的未來持續經營。Jensen 認為股票當期內在價值為，未來一定時期內公司的自由現金流量和到期后的清算價值以適當的折現率進行折現后得到當期公司內在價值，再利用公司內在價值減去債權價值后剩餘的部分為公司股票價值。該模型與現金股利貼現模型最大的區別在於，它認為自由現金流決定股票內在價值而不是由現金股利決定。相對於公司未來現金股利而言，公司未來現金流能夠通過對財務報表和歷史數據的內在邏輯做出較好的預測。以自由現金流代替現金股利作為評價股票內在價值的指標，可以有效避免股利

分配政策導致的偏誤。

盈余貼現模型是 Feltham and Ohlson（1995）基於 Miller and Modigliani（1966）的 MM 模型提出的。該模型將公司淨資產分為與公司經營相關聯的資產和金融性支出，根據 MM 理論，金融性資產不會產生剩余收益而只會對公司資本結構產生影響。公司內在價值，等同於其經營相關的資產投入與未來經營活動產生的剩余收益的現值，通過某個特定的折現率得到的折現之和，即：

$$V_t = BV_t + \sum_{i=1}^{\infty} \frac{RI_i}{(1+r)^i}$$

其中 V_t 為股票 t 期的內在價值，BV_t 為股票 t 期的淨資產價值，RI_i 為第 i 時刻盈余的期望值，r 為合理的折現率。

3.3.2 間接估值法

間接估值法，考慮相同或相近資產之間進行比較，在有效市場和無套利假說下，同質或近似資產應具有相同的價格。最常用的間接估值法包括市盈率倍數估值法、市淨率倍數估值法、Fama-French 三因素模型法等。

市盈率倍數估值法是指利用可比公司市盈率或股票所屬行業平均市盈率作為估值起點，結合股票自身每股收益情況，對股票內在價值進行估值。計算公式為：$V_0 = PE_i \times eps_0$，其中 V_0 為股票內在價值，PE_i 為可比公司或行業平均市盈率，eps_0 為擬評估股票每股收益。市盈率倍數法將股票當前價格與當前盈利狀況結合在一起，並且易於計算與橫向比較，因此在實踐中是被使用頻率最高的估計方法。

市淨率倍數估值法是指利用可比公司市淨率或股票所屬行業平均市淨率作為估值起點，結合股票自身每股淨資產情況，對股票內在價值進行估值。計算公式為：$V_0 = PBV_i \times BV_0$，其中 V_0 為股票內在價值，PBV_i 為可比公司或行業平均市淨率，BV_0 為擬評估股票每股淨資產。相對於每股收益而言，每股帳面淨資產較為穩定，當每股收益波動較大時，使用市淨率倍數

估值可以得到相對穩定的結論。

Fama-French 三因素模型。Fama and French（1996）研究認為基於 CAPM 模型得到的股票的市場的 beta 值不能解釋不同股票回報率的差異，而上市公司的市值、帳面市值比、市盈率可以解釋股票回報率的差異，他們構建的三因素模型如下：

$$R_{it} - R_{fi} = \alpha_i + \beta_i(R_{mt} - R_{fi}) + s_i SMB_t + h_i HML_t + \varepsilon_{it}$$

其中，$R_{it} - R_{fi}$ 是根據日曆時間構造的事件樣本的組合橫截面收益率相對於無風險利率的超額收益率，$R_{mt} - R_{fi}$ 是總市值加權綜合市場指數收益率或等權重綜合市場收益率相對於無風險利率的超額收益率，SMB 是小市值股票收益率減去大市值股票收益率的組合收益率，HML 是高帳面市值比率（BM）股票收益率減去低帳面市場比率（BM）股票收益率的組合收益率。

3.4　本章小結

自 2005 年起中國新股發行制度正式啟用詢價，隨后在詢價制基礎上又進行了多輪改革，中國新股發行制度逐步朝著以市場各方參與主體信息發掘為主要定價方式轉變。新股發行 IPO 作為證券市場一個重要的流程，得到了實務界與學術界的廣泛關注。國內外學者圍繞 IPO 現象進行了大量理論與實證研究，本章對現有的國內外相關文獻進行了回顧和梳理，理清了已有文獻的研究思路，為本書后續研究奠定了理論起點：

（1）國內基於發行制度變革對 IPO 定價效率的文獻，大都使用普通最小二乘法，在控制其他相關因素后，將發行制度改革作為虛擬變量放入模型中，通過改革虛擬變量系數分析發行制度改革前后抑價率市場存在顯著變化衡量發行制度改革是否有效。但是，如果市場存在一些不可觀測或難以度量的因素，也在政策變化期內發生改變並且該因素對 IPO 抑價率產生

影響，那麼 OLS 估計模型就存在內生性問題。其估計結果可能是存在偏差的。本書採用雙重差分模型通過「控制組（主板）」與「處理組（中小板、創業板）」在政策變化前后的差分，消除不可觀測的異質性，從而得到更為穩健的政策評估結論。

（2）國內文獻中針對中國新股發行詢價制度的研究主要使用「網下機構投資者數量、獲得網下配售的機構投資者家數、網下超額認購倍數、配股集中程度」等相對宏觀的數據，不能具體描述詢價制下機構投資者報價行為特徵。但詢價制的核心是承銷商向機構投資者詢價，獲取新股相關信息從而提高 IPO 發行定價效率的過程，相對宏觀的經濟數據無法衡量不同類別、不同區域、不同聲望詢價對象的報價特徵。本書首次使用詢價階段機構投資者詳細微觀報價數據，通過構建信息優劣投資者報價均值之差代理變量，直接檢驗了 Rock（1986）「贏者詛咒」假說；實證檢驗了 2012 年 5 月實施的第三次新股發行制度改革對機構投資者報價行為的影響。

（3）詢價制下新股在發行過程中包含三個關於股票價格信息的變量，具體而言包括新股內在價格（無法觀測）、網下詢價確定的新股一級市場發行價格、二級市場首日收盤價格。文獻中通常利用首日收盤價和新股發行價構建 IPO 抑價率衡量新股發行效率。西方文獻基於有效市場基本假設，因此新股首日二級市場收盤價能夠充分反應市場各方面因素，使用首日收盤價與發行價格構建的 IPO 抑價率用來衡量發行效率是合理的。而中國二級市場並未達到弱勢有效，網下詢價對象和二級市場散戶投資者可能對新股的估值方式存在顯著差異，簡單地使用首日收盤價計算出的 IPO 抑價率可能過高地估計了二級市場散戶投資者非理性情緒對 IPO 定價效率的影響。本書借鑑生產經濟學中常用的隨機前沿分析（SFA）方法，對新股內在價值進行估計，考察詢價制下中小板一級市場定價效率，並分析詢價制階段發行制度改革對新股定價效率的影響、影響詢價制下中小板新股破發的主要因素。

（4）國內關於風險投資參股與 IPO 定價效率的文獻中，由於各方面因素導致研究樣本較小，並且在實證研究中對風險投資機構與被投資公司的內生性選擇問題考慮不足，可能影響研究結果的穩健性。本書將研究樣本擴展到 642 個，有效彌補了以往研究中由於樣本數量不足可能導致的結論不穩健問題。使用傾向值配比（PSM）的實證方法，有效處理了內生性選擇問題。

4 分配機制改革與新股發行效率

4.1 引言

　　本章基於以往文獻，通過發掘一個新股發行政策變化導致的自然實驗（natural experiment），利用雙重差分模型（difference-in-difference，DID）檢驗了詢價制第二階段分配機制改革對中國 IPO 定價效率的影響和程度。承銷商信息收集理論，可以說是目前 IPO 研究中最活躍的領域之一，數額巨大的「留在桌子上的錢」（money left on the table）該如何在參與詢價的機構投資者之間分配，以及機構投資者與個人投資者間股權分配比例成為研究的熱點。根據 Benveniste and Spindt（1989），Benveniste 和 Wilhelm（1990），以及 Spatt 和 Srivastava（1991）的研究，在投資擁有 IPO 公司信息且投資者擁有的信息是異質性的假設下，承銷商可以通過設計分配方式來獲取投資者的信息，通過承銷商與投資者的重複博弈，達到降低平均抑價水平、增加發行人收入的目的。Cornelli 和 Goldreich（2001）通過對 39 家公司股票發行的實證研究表明，在承銷商擁有對超額申購（oversubscribed shares）分配權的情況下，如果將更多的股權分配給那些經常參與 IPO 詢價的機構投資者以及來自 IPO 公司本國的投資者，將會減少詢價過程中存在的「搭便車」（freerider）現象，從而提升 IPO 定價效率。Bennouri and Falconieri（2006）認為，在連續信息結構約束條件下，通過

股權分配的數量歧視能夠獲得知情投資者的私人信息，實現最優發行機制。而在針對中國股票市場 IPO 抑價的研究上，儘管已經存在不少理論與實證研究，但目前為止鮮有相關文章探討新股發行詢價制度背景下的分配機制改革對 IPO 抑價的影響。

具體來說，中國於 2010 年 11 月 1 日起實施了《證券發行與承銷管理辦法》以及《關於深化新股發行體制改革的指導意見》，該辦法及指導意見對創業板以及中小板 IPO 發行中的分配制度以及網下參與機構投資者等諸多方面進行了調整。較修改之前的發行制度，取消了超額申購在所有有效報價的機構投資者間平均配售的規定，並且增加了主承銷商可以自主推薦合格機構投資者參與網下詢價的規定。如果根據分配權理論文獻，那麼這樣的一種制度安排會有助於提高 IPO 定價效率，並降低 IPO 發行抑價。本章因此通過一個雙重差分模型（DID）識別了這一制度改革可能的政策效果。由於新政策僅對中小板和創業板定價分配制度產生影響，而並不涉及主板市場，這就使得我們可以將這一政策變更視為一個近似的自然實驗（natural experiment）；將創業板和中小板市場作為「處理組」（treatment group），主板市場作為「控制組」（control group）。並通過利用雙重差分模型考察該政策變化對新股發行定價效率的影響。這一方法在經濟學領域已得到了廣泛的應用，而用於分析中國 IPO 定價效率尚屬首次。之前研究 IPO 定價制度政策改變對抑價影響的相關文獻（劉煜輝，2005）；楊紀軍，2006；蔣順才，2006），均採用 OLS 方法進行分析並發現政策改變前後抑價率存在顯著變化。但是，如果市場上一些不可觀測或難以度量的因素，也在政策變化期內發生了變化並對抑價率產生了影響，那麼 OLS 的估計模型就存在內生性（endogeneity）問題。其估計結果有可能存在偏差（bias），甚至會導致抑價率和所考察政策變化的「偽相關」。而本章採用雙重差分模型（DID）通過「處理組」與「控制組」在政策變化前後的差分，去除掉那些不可觀測的異質性，從而可以更準確得到政策改變對經濟

主體的因果影響以及影響程度。此外，本章研究也具有較強的政策與現實意義。應該說，這項研究所針對的這兩項制度改革都是在中國不斷完善股票發行制度市場化的背景下出抬的。發行制度改革就是希望在國民經濟的不斷增長、實體經濟對資金需求更為旺盛背景下，進一步完善市場化定價發行機制，增強新股發行市場主體承擔風險的能力，這也成為此次新股發行制度改革的重要目標。由於IPO抑價一直是學術界與實務界用來衡量市場定價效率的一個重要指標，因此本章考察新股發行詢價制第二階段改革對IPO抑價的影響也將有助於我們評估該項改革的實際效用。

4.2　研究設計與研究假設

　　為了進一步分析不同配售方式的影響，本章建立了關於一個承銷商是否擁有分配權的簡單模型：假設存在兩類投資者，擁有利好信息的投資者對股票的最高出價（保留價格）為 P_g，擁有利空信息的投資者對股票的最高出價（保留價格）為 P_b，Q_g 和 Q_b 為利好投資者和利空投資者分配到的股票份額。

　　股票最終的定價為 P，$P_g - P_b = A$，A 為兩類投資者對股票的估值差異。新股發行數量 Q，並且假設 $Q > Q_g$，$Q > Q_b$，$Q < Q_g + Q_b$，單獨一類投資者的申購量無法滿足新股發行數量，新股發行需要兩類投資者共同參與。

　　假設承銷商和發行人已經考慮到「贏者詛咒」等信息不對稱問題，因此不論是利好投資者或是利空投資者的報價均高於最終發行價格，這個假設保證了參與一級市場新股申購的投資者最終在二級市場均不會出現虧損的可能性，但投資者在報價前不知道這一點。

　　假設利好投資者效用為：$U_g = (P_g - P)Q_g$

利空投資者的效用為: $U_b = (P_b - P)Q_b$

若擁有利好信息的投資者偽裝為利空信息的投資者進行報價，則其效用：

$$U_{gl} = (P_g - P)Q_b = (P_b - P)Q_b + AQ_b$$

假設承銷商擁有對超額申購部分的自由配售權，即 Q_g 和 Q_b 可以由承銷商自由決定如何在投資者間進行分配。擁有利好信息的投資者誠實報價獲得的激勵: $U_g > U_{gl}$，帶入相關表達式可以得到：

$$(P_g - P_1)Q_g > (P_g - P_2)Q_b \tag{4.1}$$

其中 P_1 是利好信息的投資者給出的真實報價水平; P_2 是擁有利好信息的投資者偽裝成利空投資者報價，顯然給出假設 $P_1 > P_2$ 是合理的，且 P_1、P_2 均高於最終發行價格 P。

為了使（4.1）成立，要求滿足 $Q_g > Q_b$。但新股發行制度改革前對所有高於最終發行價格 P 的申購採取平均配售的方式即 $Q_g = Q_b$，顯然 $(P_g - P_1) < (P_g - P_2)$ 是成立的，將導致 $U_g < U_{gl}$。這說明在平均配售機制下，機構投資在詢價階段沒有激勵按照自己的真實估值進行報價，從而影響新股發行定價效率。如果承銷商擁有自主配置新股股份的權利，可以通過給利好消息投資者配售更多股份實現 $Q_g > Q_b$。

一個更為極端的情況是，承銷商採用按照投資者報價高低決定配售順序，基於前面的假設可以推出兩類投資者將按照其保留價格 P_g 和 P_b 出價，並且利好投資者申購的配額能夠全部得到滿足，而利空投資者申購的配額只能部分得到滿足。

新股發行制度改革后打破了原有平均配售的規定：改革前，如果出現超額申購情況，每位有效報價申購者都會以確定的比例獲得一定的股票配售數量。

獲配比例為：$\dfrac{\text{網下發行總股數}}{\text{網下有效申購總股數}}$

每個有效報價的投資者獲配數量為：申購數量×獲配比例。

而改革后，對於中小板和創業板的有效報價申購者，採取隨機搖號的方式確定配售資格與數量，具體做法：全部有效申購對象按照其最后一次錄入初步詢價記錄的時間順序排序，然后依次配號，每個有效申購機構投資者按其申購份額與之前設定的每筆網下配售量之比，確定其參與隨機搖號的號碼數量，通過搖號抽簽的方式確定本次網下發行獲配的配售對象。

新股發行制度改革前參與網下詢價的機構投資者能夠獲得的配售份額的期望值為 Q_{br}，新股發行制度改革后參與詢價的機構投資者能夠獲配售份額的期望值為 $E(Q_{ar})$。對於單個機構投資者而言，$Q_{br} = E(Q_{ar})$，因此在其他因素相同的情況下，改革前后不同配售機制其配售股票的份額的期望是一樣的。

基於本章的假設分析，改革前按照相同的獲配比例平均配售發行股票，投資者只需將自身報價稍高於最終發行價即可獲得配售，兩類投資者報價均低於其保留價格，這將導致整個詢價收集的投資者報價分佈向左偏移，最終發行價格也將向左移動。

改革后抽簽方式配售，即使投資者報價高於最終發行價格也不能確定獲得配售。在這種激勵機制下，擁有利好信息的投資者將採取提高申購報價影響整個詢價的報價分佈，從而提高發行價格的策略，將那些擁有利空信息的投資者「擠出」有效報價區間，達到提高自身中簽率的目的。因此本章預期配售方式改革后，參與網下詢價的機構投資者將提高報價水平，從而縮小一二級市場股票價格差異，提升了新股發行定價效率。在前文的分析基礎上提出本章的研究假設。

H：新股發行制度中對超額申購分配方式的改革，將影響中小板和創業板的 IPO 定價效率。

4.3 研究樣本及變量設定

本章數據選取自國泰安數據庫（www.gtarsc.com）、上海證券交易所、深圳證券交易所。我們選取了 2009 年 10 月 30 日至 2011 年 7 月 19 日在中小板、創業板和主板進行 IPO 的股票為數據樣本。並以 2010 年 11 月 1 日這一政策實施日為分界點，將數據中的 IPO 公司分為兩個子樣本。第一個子樣本（T1）為 2009 年 10 月 30 到 2010 年 10 月 31 日期間進行 IPO 的股票。第二個子樣本（T2）為 2010 年 11 月 1 日至 2011 年 7 月 12 日期間首次發行的股票。

抑價率是衡量 IPO 定價效率的重要指標。本章所定義的 IPO 抑價率為：

$$MAAR_i = \left(\frac{P_{i1} - P_{i0}}{P_{i0}} - \frac{M_1 - M_0}{M_0}\right) \times 100\% \tag{4.2}$$

其中，P_{i1} 為 IPO 公司 i 首日的收盤價，P_{i0} 為 IPO 公司 i 的股票發行價格，M_1 為 IPO 當日市場指數的收盤價，M_0 為 IPO 當日市場指數的開盤價，本章選取 M 上證指數（000001）作為市場指數的代理變量。$MAAR_i$ 為經過上證指數調劑過的 IPO 首日異常回報率，即為本章的被解釋變量 IPO 抑價率。[①]

表 4.1 和圖 4.1 為本章數據中不同板塊新股發行的描述統計及分板塊月度 IPO 抑價率趨勢圖。通過表 4.1 可以看出，一方面，中國不論是風險相對較低的傳統主板市場，還是風險相對較高的中小板、創業板市場，IPO 抑價水平仍然明顯偏高。樣本中創業板、中小板、主板 IPO 股票的平

[①] 劉煜輝，熊鵬. 股權分置、政府管制和中國 IPO 抑價 [J]. 經濟研究, 2005, 5: 85-95.

均抑價率為 38.66%、40.08%、23.33%，顯著高於美國的 12.05%。[①] 另一方面，對於中小板和創業板而言，政策變化前後劃分的兩個子樣本，在抑價率上面存在顯著差異，改革前（T1）的抑價率明顯高於改革后（T2）的抑價率，而且在 1% 的顯著水平下，表 4.2 顯示了 Kruskal-Wallis 檢驗結果拒絕了兩個子樣本 T1 和 T2 來自相同總體樣本的假設。而主板的抑價率在兩個時期內沒有顯著差異，相同的檢驗也無法拒絕子樣本 T1 和 T2 來自同一總體的假設。

表 4.1　　　　　　　　　　樣本 IPO 股票描述統計

時期	抑價水平 均值	抑價水平 標準差	破發情況 數目	破發情況 比例	發行價格 均值	發行價格 標準差
創業板						
T1	52.77%	40.28%	5	3.55%	33.65	16.85
T2	19.53%	31.08%	28	26.92%	31.72	17.02
TOTAL	38.66%	40.12%	33	13.47%	32.83	16.92
中小板						
T1	47.76%	46.85%	10	5.27%	27.82	14.8
T2	25.90%	35.97%	24	23.30%	29.43	13.2
TOTAL	40.08%	44.52%	33	16.72%	28.39	14.25
主板						
T1	29.02%	35.13%	3	12.50%	11.48	8.26
T2	16.79%	28.72%	12	41.38%	21.84	15.63
TOTAL	22.33%	32.06%	15	28.30%	17.15	13.74

數據來源：國泰安數據庫。

[①] 楊紀軍，趙昌文. 定價機制、承銷方式與發行成本 [J]. 金融研究，2006，6：51-69.

表 4.2　　　　　　　　　分版塊 Kruskal-Wallis 檢驗

創業板			中小板			主板		
時期	樣本量	Ranksum	時期	樣本量	Ranksum	時期	樣本量	Ranksum
改革前	141	21,561	改革前	189	31,247	改革前	24	738
改革後	104	8,574	改革後	103	11,531	改革後	29	693
chi-squared = 59.18			chi-squared = 26.64			chi-squared = 2.586		
p = 0.000,1			p = 0.000,1			p = 0.107,8		

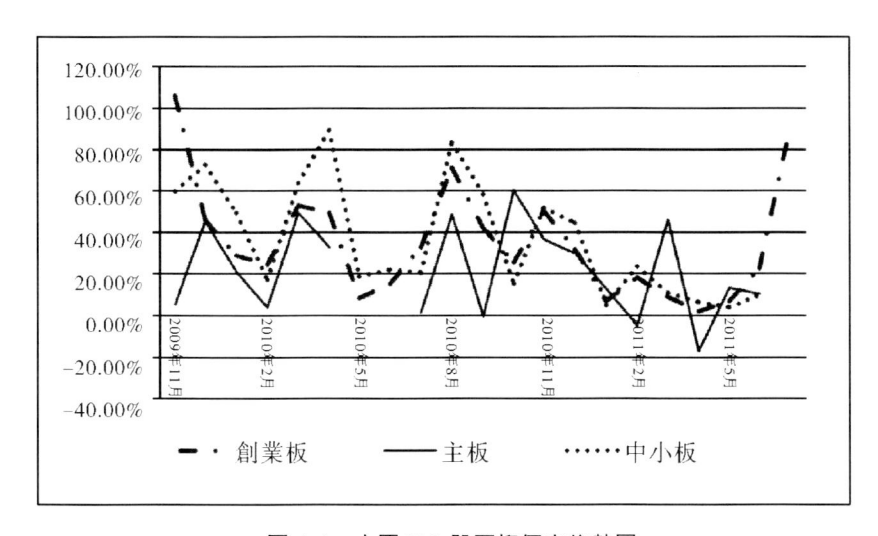

圖 4.1　中國 IPO 股票抑價率趨勢圖

數據來源：國泰安數據庫（CSMA）

關於解釋變量的選擇，參考江洪波（2007）的處理方法，新股發行首日抑價是各國證券市場上廣泛存在的現象，單獨的理論模型無法對各個國家證券市場面臨的具體情況給出一致的解釋，模型的相對重要性才是實證中需要考慮的。依據這一思路，本章結合已有文獻的研究結果可能地選取 IPO 各類假說下的影響因素，通過控制這些因素，檢驗分配機制改革對 IPO 抑價水平的因果關係及影響程度。

參考國內近年來文獻，本章選取了幾類理論與實證文獻認為可能影響

IPO 抑價率的變量作為控制變量，定義和符號如下：

第一類，衡量公司自身價值以及成長性的指標：「sale」為 IPO 公司一年前主營業務收入；「roe」是 IPO 公司上市前一年淨資產收益率；「growth」為 IPO 公司上市前兩年淨利潤的增長率；「age」則是公司從成立到 IPO 發行的存續時間。

第二類，承銷商聲譽模型指標：「reputation」為偉海證券精英網（www. weihai. com. cn）2010 年度券商綜合排名中的「綜合價值」指數，用以衡量承銷商的業務實力與聲譽。

第三類，「中簽者詛咒」模型指標：「a/l_ratio」是 IPO 公司資產負債率，衡量內部人掌控的公司質量的一個信號；「pub_offer」是 IPO 公開發行融資額，衡量 IPO 發行的規模效應；「pe」是 IPO 公司發行後的全面攤薄市盈率；「top_share」是 IPO 公司上市前持股比例最多的股東持股比例，用來衡量上市公司是否存在內部人控制問題。

第四類，衡量市場氛圍的指標：「turnover」為 IPO 當日換手率；「mkt_pe」，IPO 公司發行當日中小板塊平均市盈率；「trend」是 IPO 前 30 個交易日中小板塊綜合指數平均收益率，用以衡量二級市場火熱程度；「price」為 IPO 發行價格，用以控制行為金融學文獻中的「錨定」效應；「odd」為二級市場中簽率，用以反應網上發行市場的需求水平。

4.4　實證模型與迴歸結果

在實證研究中，考察公共政策對經濟主體的動態因果影響是非常困難的。然而採用雙重差分模型（DID）對解決這類問題提供了一個良好的思路。如果某項政策的實施僅對一部分經濟主體產生了影響，而對於另一部分經濟主體沒有影響或者影響程度極小，就可以近似地將其視為自然科學

中的實驗過程（natural experiment），並可用來識別政策變化對不同經濟主體的因果影響。該方法的優點在於可以利用差分模型消除模型中不可觀測的異質性，在經過雙重差分之后兩個不同群體間顯示出的差異，則可看做是政策實施的效果。如本章引言部分所述，2010 年 11 月 1 日 IPO 分配制度改革僅對中小板和創業板產生影響，而主板仍然保持原有分配制度，這就使得我們可以將此視為一個自然實驗，創業板和中小板作為「處理組」（treatment group），而主板作為「控制組」（control group）。因此政策變化所帶來的因果影響可以用以下雙重差分模型來衡量：

$$MAAR_i = \beta_0 + \beta_1 cy_i + \beta_2 zc_i + \beta_3 cy_i \times zc_i + \beta_4 Z_i + \varepsilon_i \qquad (4.3)$$

其中 $MAAR_i$ 是股票 i 的 IPO 發行抑價率，啞變量 $cy_i = 0$ 或 1 分別代表該股票來自主板（控制組）或中小板、創業板（處理組），啞變量 $zc_i = 0$ 或 1 分別代表股票 i 的 IPO 是在 2010 年 11 月 1 日之前或是之後進行的。Z_i 為本章第三部分中所討論的各類可能對 IPO 抑價率產生影響的因素。$cy_i \times zc_i$ 為啞變量 cy_i 與 zc_i 的交乘項。如果令 $\overline{MAAR}_{cy=0,\ zc=0}$ 代表控制組在政策改變前的樣本平均抑價率，$\overline{MAAR}_{cy=0,\ zc=1}$ 代表控制組在政策變化后的樣本平均抑價率。同樣 $\overline{MAAR}_{cy=1,\ zc=0}$ 代表處理組的創業板政策改變前的樣本平均抑價率，$\overline{MAAR}_{cy=1,\ zc=1}$ 代表處理組政策變化后的樣本平均抑價率。

我們最關心的政策淨效應 β_3 即為：

$$(\overline{MAAR}_{cy=1,\ zc=1} - \overline{MAAR}_{cy=1,\ zc=0}) - (\overline{MAAR}_{cy=0,\ zc=1} - \overline{MAAR}_{cy=0,\ zc=0})$$

β_3 通常被稱為雙重差分系數（DID estimator），如果配售制度的改變能夠降低抑價率，那麼其系數應該顯著為負。如果只是利用以往的 OLS 模型估計政策效應，得到的估計系數實際則為：$\overline{MAAR}_{cy=1,\ zc=1} - \overline{MAAR}_{cy=1,\ zc=0}$。相比之下，這種方法的不足在於，如果存在一些無法觀測或控制的因素也在政策變化前后發生了變化，並同時作用於 IPO 抑價率，將導致估計的偏差，甚至有可能會造成政策變化與 IPO 抑價率的「偽相關」。而在 DID 模

型中，通過控制組的再一次差分去除了這些可能的影響。

在進行雙重差分估計之前，本章首先利用傳統的 OLS 方法，對創業板和中小板 IPO 抑價率受政策變化的影響進行了初步分析，迴歸模型如下：

$$\text{MAAR}_i = \delta_0 + \delta_1 zc_i + \delta_2 Z_i + \varepsilon_i \tag{4.4}$$

其中 δ_1 為政策變化對相應板塊中 IPO 抑價率的影響係數，δ_2 為其他相關因素的影響係數。表 4.3 報告了對 OLS 模型的估計。

表 4.3　　　　　　　　　OLS 模型迴歸結果

	中小板		創業板	
	(1)	(2)	(1)	(2)
政策啞變量	-0.220,7***	-0.151,4****	-0.332,4***	-0.147,8***
	(0.049,5)	(0.042,1)	(0.045,4)	(0.046,9)
turnover		0.524,6**		0.938,2***
		(0.258,1)		(0.085,19)
mkt_pe		0.005,8		-0.016,6***
		(0.004,03)		(0.003,9)
trend		1.632,5***		1.243,3***
		(0.324,7)		(0.243,6)
price		-0.004,17		-0.000,39
		(0.002,8)		(0.001,5)
odds		0.006,9		-0.015,4
		(0.013,3)		(0.011,0)
a/l_ratio		1.96E-03		0.144,9
		(1.41E-03)		(0.131,2)
pub_offer		-1.7E-05		2.8E-05
		(1.9E-05)		(2.6E-05)
pe		5.33E-04		1.26E-05
		(0.001,49)		(0.000,99)

表4.3(續)

	中小板		創業板	
top_share		0.106,1		-0.080,4
		(0.137,4)		(0.102,8)
sale		2.72E-15		-3.36E-06**
		(1.46E-11)		(1.3E-06)
roe		-0.494,8*		-0.294*
		(0.294,60)		(0.175,60)
growth		-0.009,3		0.017,5
		(0.028,1)		(0.035,9)
age		-0.003,1		0.006,7*
		(0.005,0)		(0.003,8)
reputation		-7.26E-06		-2.34E-06
		(1.4E-05)		(1.4E-05)
R-squared	0.056	0.409	0.168	0.578
Number of obs	292	292	245	245

註：*、**、***分別表示在10%、5%和1%的水平下顯著，括號內為bootstrap標準差。

表4.3的結果表明，不論是否控制相關的市場和公司自身因素，對於中小板和創業板來說政策啞變量的系數顯著為負。也就是說在其他因素保持不變的前提下，分配機制的改變使得中小板和創業板的IPO抑價率分別下降了15.1%和14.8%。而其他控制變量的系數也與以往文獻中的結論相吻合，如衡量投資者間意見分歧的換手率指標、30天市場交易日指數收益率、發行前一年度淨資產收益率均符合理論的預期，某種程度上說明中國股市受二級市場火熱程度影響較為明顯。對比創業板與中小板，我們發現，諸多影響抑價因素中，參與創業板的投資者更關注上市公司發行前一年度主營業務收入，上一年度主營業務收入越大的公司IPO詢價階段被低估的可能性越小；且相對於中小板而言，發行當日的中小板平均市盈率在1%的水平下顯著為負相關，說明創業板的投資者對市場平均風險更為關

注，當二級市場累積了較高的風險後，投資者會更加理性地投資創業板新股。

接下我們採用相同數據，利用雙重差分模型（4.3）對政策效應進行了分析，表4.4為模型估計結果。

表 4.4　　　　　　　　　雙重差分模型迴歸結果

	中小板			創業板		
	（1）	（2）	（3）	（1）	（2）	（3）
交乘項	-0.098,4 -0.099,8	-0.210,9*** -0.078,6	-0.180,4* -0.093,2	-0.210,07* -0.101,7	-0.195,5 -0.107,9	
板塊啞變量	0.189,5** -0.077,5	0.287,3*** -0.075	0.334,4*** -0.112,5	0.237,4*** -0.081,4	0.156,5** -0.063,8	
政策前後啞變量	-0.122,3 -0.091,5	0.049,9 -0.071,6	0.029 -0.089,2	-0.122 -0.086,4	0.007,9 -0.066,4	-0.052,2 0.081,4
turnower		0.570,7*** -0.208,4	0.581,6*** -0.210,5		0.946,8*** -0.065	0.940,5*** -0.063,1
mkt_pe		0.01*** -0.002,7	0.007,46** -0.003,3		-0.007,5*** -0.002,5	-0.010,5*** -0.003,3
trend		1.290,9*** -0.243,2	1.275,4*** -0.252,4		0.781,4*** -0.031,8	0.825,4*** -0.184,1
price		-0.005,6*** -0.001,7	-0.002,9 -0.002,1		-0.002,3** -0.001	-0.002,5** -0.001,1
odds		0.001,27 -0.007,8	0.003,9 -0.007,7		-0.011,0** -0.005	-0.012,7** -0.005,9
a/l_ratio			-0.007,7 -0.001,4			-0.095,6 -0.100,1
pub_offer			-6.74E-08 -7.71E-07			-4.20E-07 04.80E-07
pe			0.000,95 -0.001,3			0.001,1 -0.000,8
top_share			0.073 -0.119,1			0.026,2 -0.088,1
sale			-2.61E-12 -1.52E-11			4.89E-08 -5.16E-08

表4.4(續)

	中小板			創業板		
	(1)	(2)	(3)	(1)	(2)	(3)
roe			-0.528,5** -0.239,9			-0.116,3 -0.152,2
growth			-0.010,3 -0.020,7			0.008,5 -0.026,7
age			3.00E-05 -0.004,2			0.006,5* -0.003,6
reputation			-3.99E-06 -1.24E-05			-3.51E-06 -1.30E-05
R-squared	0.076	0.404	0.42	0.174	0.541	0.558
Number of obs	345	345	345	298	298	298

註：*、**、*** 分別表示在 10%、5% 和 1% 的水平下顯著，括號內為 bootstrap 標準差。(1)、(2)、(3) 分別為不控制其他因素，控制二級市場影響因素，控制全部影響因素的 DID 迴歸結果。

在表 4.4 的 DID 迴歸結果中，我們最關心的是政策淨效應的估計值，也即是板塊啞變量與政策前后啞變量的交乘項。結果表明，對於中小板而言，不論是我們僅控制二級市場影響因素，或是控制市場影響因素與其他公司自身因素，我們所關注的政策淨效益系數都與預期相符合，均顯著為負：在其他因素不變的情況下，由於分配機制變化而導致中小板 IPO 抑價率下降了 18.04%。而相比之下，創業板的政策淨效益系數則不顯著，說明這一分配機制改變對於創業板 IPO 抑價沒有顯著影響。究其原因可能是中小板上市公司主要集中於服務已經進入成熟期、盈利能力較強的中小公司，其中以製造公司為主體。而創業板以高成長型創業型公司為主要服務對象，一般而言，創業板上市公司具有更高的成長性與風險性。板塊間系統性風險導致分配機制改革在中小板和創業板之間存在不同的影響結果。加之創業板推出時間較短，相對於中小板而言，創業板上市資源稀缺性更強，中小板和創業板的迴歸估計（3）中簽率 odds 的估計系數表明，網上發行的需求程度對創業板有著顯著的影響，而中小板系數並不顯著，二級

市場投資者對創業板上市資源的需求程度也可能影響政策改革的效力。

　　與之前 OLS 模型對政策效應的估計結果相比，兩個模型對於中小板抑價率的估計結果基本一致。但是 OLS 模型高估了分配權改革對創業板 IPO 抑價的作用。這很有可能是因為存在某些不可觀測的板塊異質性因素，在政策變化前后也對創業板 IPO 抑價率產生了影響，從而造成了 OLS 中的政策變化與抑價率之間的「偽相關」。而當我們採用雙重差分模型去除了這些不可觀測到的異質性之後，我們就得以更準確地評估這一政策產生的實際影響。

　　而模型控制變量的估計系數也在不同板塊之間存在差異。對於在中小板發行的公司而言，公司以往的盈利能力顯著影響了發行時的抑價率；而對於在創業板發行的公司而言，公司以往的盈利能力未能對發行時的抑價率產生顯著影響，說明對於創業板的投資者，公司盈利能力並不是他們參與投資的決定性因素。傳統理論中「投行聲譽假設」，難以在中國 A 股市場得到支持，部分原因可能是由於中國投行保薦人制度建立時間較短，未能形成有效的投行聲譽市場。決定創業板 IPO 抑價率的因素主要來自於二級市場。

　　因此綜合以上實證結果及相應分析，可以看出對本章提出的研究假設 1，新股發行制度中對超額申購分配方式的改革，將影響中小板和創業板的 IPO 發行效率。本章的實證結果部分支持了該假設，對於中小板而言，政策淨效應估計系數與假設預期一致，而對於創業板而言，政策淨效應估計系數不顯著，說明在其他因素保持不變的情況下，超額申購分配機制改革對創業板 IPO 定價效率並未產生實質影響。對於本章提出的研究假設 2，創業板 IPO 定價效率受到二級市場投資者情緒因素影響更大。本章的實證研究表明和中小板相比，創業板上市公司發行前的盈利能力未能對發行時的抑價率產生顯著影響，說明二級市場投資者對於創業板上市的股票考慮的不是其自身歷史盈利能力，更多從「創業板」這個概念出發爆炒新股。

4.5　本章小結

　　承銷商分配機制對公司 IPO 發行定價、抑價程度的影響是學術界近年來廣泛關注的問題。本章通過發掘一個政策變化導致的自然實驗，利用雙重差分模型對創業板、中小板分配機制改變后的政策淨效應作出了估計。研究結果表明分配機制改革導致了中小板 IPO 抑價率的降低，對提升中小板 IPO 定價效率起到了顯著的提升作用：相對於改革前，改革後的 IPO 抑價率下降了 18%。但此次改革並未對創業板定價效率產生實質影響，決定創業板定價效率的主要因素仍是二級市場非理性投機。

　　本章研究結果的現實意義在於，對於證券監管部門來說，如果要有效提升 IPO 定價效率，可以考慮在適當的時候賦予承銷商更多的新股分配權。目前中國新股詢價發行中，參與詢價的投資者能否獲得股票分配以及所獲分配數量均取決於其在累計投標或詢價階段中所出的報價和申購數量，而承銷商面對超額申購只能採取「按比例配售」或「抽簽配售」的規則進行分配，並不具有實際意義的自由分配股票的權力。而詢價機制的各種優點的實現需要承銷商對可以對超額發行的新股實行自由分配權，並且承銷商在一級市場行使自由配售權，能夠培養風險承擔的意識，通過一級市場為其建立起發行聲譽。因此本章認為接下來新股發行制度可以在時機適當的時候通過試點的方式賦予主承銷商一定程度的新股份配權，從而進一步實現提高 IPO 定價效率的改革目標。

　　本章的結果也說明，未來新股發行制度的改革應該充分利用合理的機制設計，通過協調各方激勵機制來抑制詢價階段與發行階段存在的各類投機機會。目前的狀況是，在經歷了第二階段新股發行制度改革後，主板詢價制採用了初步詢價與累計投標相結合的詢價方式，而中小板和創業板採

取的是在初步詢價后，主承銷商和發行人根據初步詢價等發行信息協商制定發行價格的方式。但機構在初步詢價時既不用支付保證金也不會必然申購，導致部分機構投資者不負責任地隨意報價，或是相互串通聯合報價。這些行為在某種程度上扭曲了新股的發行定價。因此，承銷商可以通過制訂股份分配策略促使參與初步詢價的機構投資者對準備發行上市的公司進行充分盡職調查和真實全面的信息反饋。同時，承銷商在擁有部分或全部的網下新股自主分配權的情況下，可根據機構投資者不同的報價及申購信息制定不同的配售組合，通過對機構投資者給予不同的股權配售激勵，達到揭示其真實報價信息的目的。當然，監管部門也應對網下機構投資者報價及配售信息給予充分披露，使得一級、二級市場信息得到有效溝通，同時利用二級市場對新股價格信息的反饋約束承銷商分配行為，這些措施將有助於降低新股發行抑價，提升發行定價效率。

5 詢價機構報價行為與新股發行效率

5.1 引言

　　一個廣為接受的觀點是，證券市場中，機構投資者的參與能夠改善市場的信息效率，從而達到提升資產配置效率、增加金融市場穩定性的目的。中國證監會早在 2004 年頒布、2005 年實施的《關於首次公開發行股票試行詢價制度若干問題的通知》規定：「首次公開發行股票的公司及其保薦機構應通過向機構投資者詢價的方式確定發行價格。」中國 A 股 IPO 開啓了向機構投資者詢價確定價格區間，發行人和承銷商通過路演推介，獲得機構投資者初步報價分佈的新股定價機制。詢價對象的範圍也從最初的六類機構投資者，發展到 2012 年的八類投資者（包含個人投資者）。參與網下新股發行詢價的機構投資者其報價行為顯然將對新股發行定價產生重大影響。

　　最具影響的關於詢價機制的文獻是 Benveniste and Spindt（1989），Benveniste and Wilhelm（1990），他們認為在信息不對稱的金融市場，承銷商可以通過詢價機制來獲取「知情投資者」對新股價值的評估以及真實市場的需求信息。「知情投資者」有助於承銷商對新股實現合理定價，而「知情投資者」分配到的含有抑價的新股是對其信息披露的補償和激勵。Cornelli and Goldreich（2001）以及 Ljungqvist and Wilhelm（2002）的研究

均表明，在承銷商擁有對超額申購（oversubscribed shares）分配權的情況下，如果將更多的股權分配給那些經常參與IPO詢價的機構投資者以及來自IPO公司本國的投資者，將會減少詢價過程中存在的「搭便車」（free rider）現象，從而提升新股發行定價效率；反之承銷商自由分配新股權力受到限制，將降低新股發行定價效率。中國現階段實施的新股發行詢價制度，仍然對發行人及承銷商給予了諸多限制。相比美國市場「標準」的詢價制度，中國IPO詢價制度在以下幾個方面進行了修改：一是發行市場分為網下與網上發行，網下發行針對參與詢價的機構投資者，而個人投資者和未參與網下申購的一般機構投資者只能通過網上申購，並對網下、網上發行比例有著嚴格的規定。二是無論是網下還是網上發行，中國新股發行制度沒有賦予承銷商自主新股配售權。網下申購階段，當出現超額申購的情況，對所有超過發行價格的有效報價只能通過同比例配售或抽簽配售的方式決定股票分配情況，承銷商無法依據詢價對象報價提供的信息進行篩選和激勵。三是詢價對象在網下獲配的新股，存在3個月的鎖定期，這導致新股在上市初期供給數量明顯偏低。新股定價機制中的種種限制，削弱了承銷商對參與詢價的機構投資者信息的挖掘與激勵，最終新股發行價格更大程度依賴於詢價對象的報價特徵以及發行時資本市場整體環境與同行業可比公司估值水平。不同類別、不同區域、不同聲望的機構投資者在詢價中的報價特徵是否存在顯著差異，發行制度改革對詢價對象報價行為將產生何種影響，詢價對象的報價與新股發行價格、發行首日收盤價有何種關係等問題對新股發行機制具有重大影響。

機構投資者詢價階段詳細報價在美國為非公開數據，因此西方文獻中關於詢價對象報價及最終分配相關研究大都限於模型推導。中國證監會2010年10月頒布的《關於深化新股發行體制改革的指導意見》指出：「發行人及其主承銷商必須披露參與詢價的機構具體報價情況。」這為本章的研究給予了數據支持。此前國內文獻對中國新股發行詢價制度的研究主要

使用「網下機構投資者數量、獲得網下配售的機構投資者家數、網下超額認購倍數、配股集中程度」① 等相對宏觀變量指標衡量機構投資者網下詢價行為，而本章力圖對參與詢價的機構投資者具體報價進行分析，考察機構投資者報價行為特徵，不同類別、地域、參與程度等因素對詢價對象報價特徵是否存在差異，以及新股發行制度改革對機構投資者報價行為的影響。

5.2　研究設計和研究假設

中國 A 股 IPO 詢價機制大致分為三個步驟：先是發行人將上市的公司相關材料遞交給承銷商，承銷商根據受託公司自身狀況並結合當時資本市場行情、同期可比公司估值等因素出具該公司的投資價值研究報告，確定投資價值上下限。接著承銷商組織路演並向參與詢價的機構投資者詢價，獲得初步詢價區間。最后是發行人和承銷商依據初步詢價獲得的信息，進行累計投標（主板）定價或直接協商（中小板、創業板）確定發行價格。

本章根據 Rock（1986）「贏者詛咒」的理論假設發行人無法準確預測新股的市場價格，投資者擁有新股價格的信息。假設 A1：市場上存在兩種類型投資者，一部分為信息優勢投資者，擁有新股發行的充分信息；另一部分為信息劣勢投資者，擁有較少新股價格信息。A2：並且假設市場不存在融券或賣空行為，這「信息優勢」投資者與「信息劣勢」投資者之間也存在信息不對稱，「信息優勢」與「信息劣勢」投資者是同時做出報價決策的，「信息劣勢」投資者無法通過觀察「信息優勢」投資者的行為更新自身信念。A3：「信息優勢」的投資者對股票的總需求，不超過股票發行總量的均值。A4：「信息劣勢」投資者對 IPO 股票價值持有同質預期

---

① 劉志遠，等. 詢價對象之間是競爭還是合謀 [J]. 證券市場導報，2011（3）.

(homogeneous expectations)。A5：全體投資者初始財富相同，不區分承銷商與發行人，認為他們之間不存在委託—代理問題。

在這樣的假設條件下，「信息優勢」的投資者獲知某只新股具有投資價值時，通過提高申報價格與申報數量踴躍認購，將信息劣勢的投資者「擠出」發行市場。而信息劣勢的投資者所能認購到的股票大多是缺乏投資價值或 IPO 定價過高的股票。最終導致信息優勢投資者認購新股將獲得超額收益，而信息劣勢投資者認購新股則可能出現虧損。當理性的信息劣勢投資者意識到該結果后，將選擇退出新股發行市場。Rock 假設，IPO 發行市場需要足夠多的投資者持續參與才能保證足額發行，因此為了吸引信息劣勢的投資者參與申購，需要通過抑價發行，保證信息劣勢的投資者收支平衡。

由於中國股市的特殊性，將新股申購分為網下與網上同時進行，機構投資者只能在網下與網上申購二者擇一。而參加網下申購的機構投資者需要經歷新股詢價階段，並且它們報價與申購數量將對股票發行價格及最終獲配數量產生重大影響，而網上申購的散戶和其他機構投資者按照網下詢價得到的發行價格申購新股，並不能對新股發行價格產生實質影響。在這種發行制度背景下，對「贏者詛咒」理論進行檢驗需要假設參與網下申購的機構投資者之間存在信息差異，這點與經典文獻（Hanley and Wilhelm，1995；Aggarwal，et al，2002）中常用的假設機構投資者與散戶擁有信息不對稱不盡相同。而本章認為參與詢價的機構投資者內部同樣存在信息差異是一個合理的假設。首先，不同類別的機構投資者對新股定價信息存在差異。其次，機構投資者的投資經驗、投資背景會對其信息能力產生影響。最后，與主承銷商的關係也會對其信息能力產生影響，如承銷商推薦類機構投資者很可能對該股票具有信息優勢。

中國現行新股發行制度並未賦予發行人和承銷商超額申購自主配售權。當出現超額申購時，承銷商只能對超額申購使用同比例配售或抽簽配

售的方式，在全體有效報價的詢價對象之間分配股權。承銷商無法通過自由分配股權的方式，給予那些詢價階段披露真實股票價格信息的機構投資者足夠的激勵。

在這樣的分配機制下，「信息優勢」的機構投資者發現具有投資價值的股票只能通過提高網下申購報價，期望將「信息劣勢」的投資者盡可能「擠出」有效報價區間，達到提高自身中簽率的目的，而「信息劣勢」的詢價對象無法區分新股是否具有投資價值，將按照他對所有新股的平均期望進行報價。如果假設二級市場是有效市場，新股首日收盤價格是市場各方面因素的集中反應，那麼與「信息劣勢」詢價對象相比，「信息優勢」詢價對象在那些擁有較高抑價率的新股網下詢價過程中的報價應該更為激進。

中國新股發行制度規定，參加新股網下申購且報價到達有效報價的詢價對象，他們獲配股權的期望是相同的。因此無法採用經典文獻的方式，分析信息優勢（通常是機構投資者）與信息劣勢（通常為散戶）投資者間獲配股權數量上的差異與IPO首日抑價率的關係來驗證「贏者詛咒」理論，故本章提出利用詢價階段詳細報價作為機構投資者對IPO股票的信息變量，通過比較不同信息優劣機構投資者間的報價差異與IPO后市表現的關係來檢驗「贏者詛咒」理論。綜上分析，提出本章的研究假設1。

H1：信息優勢的機構投資者與信息劣勢的機構投資者詢價階段平均報價之差，與網下超額申購倍數成正比。

實證中對於如何劃分投資者間的信息優劣，以往文獻中常見的做法有兩種：一種是假設機構投資者為信息優勢方，散戶為信息劣勢方；另一種是國內投資者為信息優勢方，國外投資者為信息劣勢方。由於中國發行制度人為將發行市場分為網下與網上申購，且發行比例在發行前已經確定，承銷商不擁有自主配售權，無論是網下還是網上申購，有效報價的機構投資者和散戶單位資金量獲得配售的期望概率都是相同的。因此無法通過檢

驗機構投資者與散戶在不同抑價率股票間配股份額不同，驗證「贏者詛咒」假說。並且中國詢價對象在地域上呈現高度集中的趨勢，國外投資者QFII所占比例極低，無法採取經典文獻中的方式區分投資者間信息的優劣差異。Ljungqvist（2007）的文章指出，機構投資者之間的信息差異並不一定比機構投資者與散戶的差異小。結合中國新股發行實際情況，本章提出使用參與程度多寡和是否為承銷商推薦類詢價對象兩個指標，區分參與網下詢價的機構投資者信息優劣程度。

2012年5月證監會頒布並實施的《證券發行與承銷管理辦法》以及同期頒布的《關於進一步深化新股發行體制改革的指導意見》，對網下機構投資者配售比例及網下配股鎖定期進行了大幅調整，網下配售比例由原來的「公開發行股票數量少於4億股的，配售數量不超過本次發行總量的20%」統一調整為「向網下投資者配售股份的比例原則上不低於本次公開發行與轉讓股份的50%」，並明確了網下向網上的回撥機制。同時改革后的發行制度取消了網下配股的三個月鎖定期。根據邵新建和巫和懋（2009）的研究表明，由於IPO股票需求曲線是向下方傾斜，股價會受到股票供給量的顯著影響。網下配股的鎖定制度無疑將減少新股發行初期的供給量，從而帶來更高的二級市場交易價格。張崢和劉力（2006）的研究指出，中國市場高昂的換手率是異質信念在賣空機制缺失下產生的投機泡沫。而熊維勤（2009）的實證研究卻給出了不同的結論，鎖定期的存在抑制了機構投資者對所持IPO股份的拋售與新股的炒作，有利於維持IPO股價的穩定。由於網下配售額度大幅增加、網下配售的鎖定期取消，以及新股定價參考行業平均市盈率高於25%需多次說明及未到達預期盈利將受到相應懲罰，本章認為詢價對象網下報價將會更為審慎，使得新股發行價格迴歸合理。如何衡量詢價對象投資報價的審慎程度，以往文獻並無直接的代理變量，本章根據中國新股發行實際情況構建了以下幾個代理變量：

（1）詢價對象報價的變異係數。

（2）詢價對象最高報價與承銷商公布的投資價值區間均值之比。

（3）詢價對象報價均值與承銷商公布投資價值區間均值之比。

綜上分析提出本章的研究假設 2。

H2：網下配售額度增加與配股鎖定期的解除，將促使詢價對象投資者審慎報價。

5.3　樣本選擇和模型設計

本章數據選取 2010 年 11 月至 2012 年 10 月中國 A 股新股發行的上市公司作為研究樣本，刪除了特殊性較大的金融、保險業上市公司，刪除佔例極少的個人投資者報價，最終研究樣本為 463 家上市公司，共 45,630 組機構投資者報價與申購，數據來源於國泰安數據庫（CSMAR）及上市公司公開披露的《網下搖號中簽及配售結果公告》，承銷商聲望數據來自偉海證券精英網（www.weihai.com.cn）。研究樣本中，一共有 443 家機構投資者，其中基金公司 62 家，占詢價機構總數的 14%；證券公司 79 家，占詢價機構總數的 17.83%；保險公司 12 家，占詢價機構總數的 2.71%；信託公司 30 家，占詢價機構總數的 6.77%；財務公司 32 家，占詢價機構總數的 7.22%；推薦類機構投資者 223 家，占詢價機構總數的 50.34%；QFII 5 家，占詢價機構總數的 1.13%。

以申購總金額（申購總金額＝機構投資者每股報價×擬申購股數）作為機構投資者參與申購意願的衡量指標，樣本中基金公司申購總金額占比 44.75%，證券公司占比 25.44%，保險公司占比 12.34%，信託公司占比 9.11%，財務公司占比 4.62%，推薦類機構投資者占比 3.55%，QFII 占比 0.19%。雖然推薦類機構投資者數量上占總機構投資者的 47.44%，但其申

購總金額僅占 3.55%。

占總按機構投資者地域劃分，北京機構投資者 85 家，占詢價機構投資總數的 19.19%；上海 106 家，占詢價機構投資總數的 23.93%；廣東 92 家，占詢價機構投資總數的 20.77%；全國其他區域 160 家，占詢價機構投資總數的 36.12%。其中北京機構投資者申購中金額占比 21.75%，上海占比 32.49%，廣東占比 21.49%，全國其他區域占比 24.26%。網下機構投資者在類別、地域分佈上呈現明顯的集中性。

表 5.1　　　　　　　　網下詢價對象投資者分佈描述表

機構投資類別	家數	總申購金額占比	機構投資者區域	家數	總申購金額占比
基金公司	62（14%）	44.75%	北京	85（19.19%）	21.75%
證券公司	79（17.83%）	25.44%	上海	106（23.93%）	32.49%
保險公司	12（2.71%）	12.34%	廣東	92（20.77%）	21.49%
信託公司	30（6.77%）	9.11%	其他區域	160（36.12%）	24.26%
財務公司	32（7.22%）	4.62%			
推薦類機構投資者	223（50.34%）	3.55%			
QFII	5（1.13%）	0.19%			

數據來源：手工收集上市公司公佈的《網下搖號及配售結果公告》。

顯然不同類別、地域以及對 IPO 詢價市場的參與熟悉程度的機構投資者之間對新股定價信息、不同行業特點及估值方法必然存在一定差異，導致機構投資者間的報價也存在顯著差異，而這種差異性也反應了機構投資者信息的分佈趨勢。本章採用方差分析的方法檢驗不同劃分標準及其交互作用對機構投資者報價的影響。首先將機構投資者報價進行標準化：

$$機構投資者標準化報價 = \frac{(報價 - 整體報價均值)}{整體報價標準差}$$

其次將研究樣本期內機構投資者申購總金額多寡進行排序，將整個機構投資者分為高、中、低三類。

表 5.2　　機構投資者標準化報價方差分析（ANOVA）結果表

影響因素	創業板 方差	MS	p 值	中小板 方差	MS	p 值	主板 方差	MS	p 值
機構類別	8.62	1.44	0.18	10.10	2.02				
地域	1.52	0.51	0.67						
參與程度	0.57	0.28	0.75	10.36	5.18				
類別 * 地域	5.72	2.46	0.00	37.79	3.15				
類別 * 參與程度	47.42	5.93	0.00	32.67	3.63				
地域 * 參與程度	5.72	0.95	0.44	5.73	0.95				
類別 * 地域 * 參與程度	32.07	2.67	0.00	55.38	6.15				
	主板單因素方差分析			主板不含交互作用的三因素方差分析					
機構類別	47.40	7.90	0.00	機構類別			39.36	6.56	0.00
地域	8.31	2.77	0.04	地域			3.79	1.26	0.28
參與程度	11.61	5.80	0.00	參與程度			7.98	3.99	0.02

　　對研究樣本分主板、中小板、創業板分別進行包含交互項的三因素方差分析，表 5.2 為方差分析結果表。對於創業板和中小板而言，機構投資者類別、地域分佈和參與網下詢價程度交互項在 1% 的水平下顯著，而主板的三因素交互項不顯著。對主板分別做單因素方差分析，結果顯示每個單因素組間均存在顯著差異，而不含交互項的主板三因素方差分析結果顯示，機構投資者的地域分佈組間並不存在顯著差異。通過對表 5.2 的分析，可以得出機構投資者詢價階段的報價在機構類別、地域分佈以及參與程度上存在顯著差異，這種差異也反應了機構投資者對新股價格信息的差異。

表 5.3　　　　　　　　　　變量設定與變量說明

符號	名稱	變量定義
Panel A 被解釋變量		
diffp1	信息優劣詢價對象網下平均報價之差	以詢價對象整個樣本期間申購總金額大小劃分
diffp2	推薦類詢價對象與非推薦類詢價對象網下平均報價之差	以是否是主承銷商推薦的詢價對象劃分

表5.3(續)

符號	名稱	變量定義
cofferpricing1	審慎報價代理變量1	詢價對象報價變異係數：報價標準差/報價均值
cofferpricing2	審慎報價代理變量2	詢價對象最高報價/投資價值區間均值
cofferpricing3	審慎報價代理變量3	詢價對象報價均值/投資者價值區間均值
Panel B 解釋變量		
lnoffline	網下超額申購倍數	Ln（網下超額申購倍數）
reform	發行制度改革虛擬變量	虛擬變量，2012年5月18日之後為1，之前為0
Panel C 控制變量		
Size	發行規模	ln（實際募集資金量）
plev	發行前一年資產負債率	發行前一年資產負債率
age	公司成立至上市存續時間	ln（公司成立至上市存續時間）
neps	發行前每股淨利潤	發行前每股淨利潤
underwriter	承銷商聲譽	A類為1，其餘為0
sentiment	發行當日市場氣氛	發行前20個交易日內滬深兩市流通市值加權平均收益率
pprice	新股發行價格	新股發行價格
asset	發行前一年資產總額	ln（發行前一年資產總額）
GEM	發行板塊虛擬變量	GEM為1是創業板
MEM		MEM為1是中小板

表5.3為本章的主要變量設定。對變量設定作出以下說明。

（1）按詢價對象參與程度和是否為承銷商推薦兩個分類標準，劃分信息優劣機構投資者，參與程度劃分標準具體方式為：將整個研究樣本中全體詢價對象按申購金額由高至低進行排序，選擇加總申購金額佔全體申購金額前30%的機構投資者作為信息優勢投資者組合，雲南國際信託、華夏基金、泰康資產、工銀瑞信基金、嘉實基金、易方達基金、招商基金、富國基金、南方基金這9家詢價對象網下申購金額之和佔全體詢價對象網下申購之和的30%，因此認為這9家詢價對象為「信息優勢」機構投資者；選擇加總申購金額佔全體申購金額后30%的機構投資者作為信息劣勢投資者組合，一共有398家申購金額靠后的詢價對象，其申購金額之和佔比30%，因此這398家詢價對象設定為「信息劣勢」機構投資者。第二個劃分信息優劣投資者組合的方式為：將承銷商自主推薦的推薦類投資者組合

劃分為信息優勢投資者，其他投資者劃分為信息劣勢投資者。通過計算信息優劣投資者網下詢價階段平均報價之差，構建 diffp1 與 diffp2 兩個解釋變量。

（2）設定三個關於審慎報價的代理變量，本章首次對投資者審慎報價進行研究，以往文獻也並未出現關於詢價對象投資者審慎報價的衡量指標，為了使研究結果更穩健，考慮使用三個變量衡量機構投資者報價謹慎性，這三個變量分別是某只股票詢價對象報價的變異係數，詢價對象某只股票最高報價與該股票投資價值區間均值之比、詢價對象報價均值與投資價值區間均值之比。

（3）使用對數網下申購倍數作為衡量網下申購火熱程度的解釋變量。

（4）2012 年 5 月 18 日，證監會頒布了《關於修改〈證券發行與承銷管理辦法〉的決定》，對網下配售比例、網下配股鎖定期等相關發行制度進行了調整，採用 reform 虛擬變量研究該制度變化的影響。

（5）每股淨利潤、發行規模、發行前一年總資產、發行前一年資產負債率、公司年齡等控制變量控制了研究樣本中公司的特性；引入承銷商聲譽虛擬變量是為了控制發行市場仲介機構對 IPO 定價的影響。

（6）發行當日市場氛圍變量控制市場行情慣性以及投資者情緒影響。

（7）主板、中小板和創業板發行制度、風險程度不同需要控制板塊差異。

本章提出的研究假設 H1 描述的是信息優劣的機構投資者詢價階段的報價水平的差異與 IPO 抑價率的關係。為了檢驗 H1 是否成立，以 diffp1 與 diffp2 為被解釋變量，以 lnoffine. 網下超額申購倍數為解釋變量。

$$\text{diffp1} = \beta_0 + \beta_1 \text{lnoffline} + \beta_2 Size + \beta_4 Plev + \beta_5 Age + \beta_6 neps \\ + \beta_7 Underwriter + \beta_8 Sentiment + \beta_9 Pprice + \beta_{11} MSM \quad (5.1a)$$

$$\text{diffp2} = \beta_0 + \beta_1 \text{lnoffline} + \beta_2 Size + \beta_4 Plev + \beta_5 Age + \beta_6 neps \\ + \beta_7 Underwriter + \beta_8 Sentiment + \beta_9 Pprice + \beta_{11} MSM \quad (5.1b)$$

如果模型（5.1a）和模型（5.1b）的 β_1 係數顯著為正，則說明假設 H1 成立，否則不成立。

研究假設 2 描述的是網下配售額度增加與配股鎖定期的解除，將促使詢價對象投資者審慎報價。為了檢驗 H2 是否成立，以三類投資者審慎報價的代理變量為被解釋變量，以 reform 為解釋變量構建模型如下：

$$\text{Cofferpricing1} = \beta_0 + \beta_1 reform + \beta_2 Size + \beta_3 Assets + \beta_4 Plev + \beta_5 Age$$
$$+ \beta_6 Underwriter + \beta_7 Sentiment + \beta_8 GEM + \beta_9 MEM$$
$$+ \beta_{10} neps \qquad (5.2a)$$

$$\text{Cofferpricing2} = \beta_0 + \beta_1 reform + \beta_2 Size + \beta_3 Assets + \beta_4 Plev + \beta_5 Age$$
$$+ \beta_6 Underwriter + \beta_7 Sentiment + \beta_8 GEM + \beta_9 MEM$$
$$+ \beta_{10} neps \qquad (5.2b)$$

$$\text{Cofferpricing3} = \beta_0 + \beta_1 reform + \beta_2 Size + \beta_3 Assets + \beta_4 Plev + \beta_5 Age$$
$$+ \beta_6 Underwriter + \beta_7 Sentiment + \beta_8 GEM + \beta_9 MEM$$
$$+ \beta_{10} neps \qquad (5.2c)$$

如果模型（5.2a）、（5.2b）的 β_1 係數顯著為負，模型（5.2c）的係數 β_1 顯著為正，則說明研究假設 H2 成立，網下配售額增加與配股鎖定期的解除，將促使詢價對象審慎報價，否則 H2 假設不成立。

5.4　實證檢驗結果及穩健性檢驗

表 5.4 直觀顯示了研究樣本的統計描述，各年度 IPO 公司抑價率變化較大，各板塊間抑價率也存在差異。改革前後衡量投資者報價謹慎性的 cpricing1 和 cpricing2 變量均存在小幅下降，而 cpricing3 變量小幅增長。對改革前後三變量的樣本均值檢驗結果表明，改革前後 cpricing1、cpricing2 和 cpricing3 的樣本均值並不存在顯著差異。為了進一步檢驗信息優勢與劣

勢的詢價對象平均報價之差與網下超額申購倍數的關係，以及網下配售比例與配股鎖定期取消等相關 IPO 制度改革是否會影響機構投資者的報價行為，通過模型迴歸的實證方式給出更為確切的解釋。

表 5.4　　按年度、板塊及改革前後分組主要變量描述統計

IPO 年度	公司數	underpricing	bigsmallp	recomdiffp	cpricing1	cpricing2	cpricing3
2010 年	42	0.420,446,8	0.554,442,5	−0.604,650,9	0.143	1.437	1.055
2011 年	273	0.227,534,5	−0.235,694,7	0.402,809,2	0.152	1.075	0.795
2012 年	148	0.244,792	−0.398,848,8	0.337,661,7	0.152	1.044	0.782
合計	463	0.250,550,6	−0.216,172,1	0.286,578,4	0.151	1.106	0.82
IPO 板塊	公司數	underpricing	bigsmallp	recomdiffp	cpricing1	cpricing2	cpricing3
主板	58	0.285,531,7	−0.496,354,6	0.532,024,1	0.15	1.077	0.781
中小板	193	0.266,666,8	−0.373,793	0.451,482,6	0.154	1.118	0.811
創業板	212	0.226,308,4	0.003,976,1	0.063,843,8	0.149	1.101	0.839
合計	463	0.250,550,6	−0.216,172,1	0.286,578,4	0.151	1.106	0.82
reform	公司數	underpricing	cpricing1	cpricing2	cpricing3		
改革前	389	0.236,7	0.151,92	1.107,2	0.818,6		
改革後	74	0.289,6	0.148	1.099,4	0.827,6		

首先按照板塊分類將樣本按網下超額申購倍數從高到低進行排序，超額申購倍數最高的 30% 的公司設為 high 組，而超額申購倍數最低的 30% 的公司為 low 組。對高申購倍數組與低申購倍數組 diffp1 和 diffp2 進行均值檢驗。通過表 5.5 的均值檢驗發現，按單個詢價機構申購量占全體申購量比例劃分的信息優劣詢價對象報價均值之差的 diffp1 變量在創業板和中小板，高抑申購倍數的均值顯著高於低申購倍數組均值。而按是否是推薦類詢價對象劃分信息優劣投資者的 diffp2 代理變量在所有板塊均不顯著，說明按推薦類信息投資者和非推薦類投資者相比，可能並不具有預期的新股信息優勢。

表 5.5　　　　　　　　按抑價率分組組間均值分析表

創業板 diffp1	樣本數	均值	標準差	創業板 diffp2	樣本數	均值	標準差
high	63	0.513	2.190	high	60	-0.561	2.920
low	63	-0.584	2.315	low	60	0.469	2.780
diff	63	1.097	3.118	diff	60	-1.029	4.069
mean（diff）= mean（high-low）				mean（diff）= mean（high-low）			
Ha：mean（diff）>0		Pr（T>t）= 0.004		Ha：mean（diff）>0		Pr（T>t）= 0.973	
中小板 diffp1				中小板 diffp2			
high	57	0.737	2.427	high	56	-0.069	2.067
low	57	-0.634	3.221	low	56	0.550	2.703
diff	57	1.370	3.921	diff	56	-0.619	3.165
Ha：mean（diff）>0		Pr（T>t）= 0.005		Ha：mean（diff）>0		Pr（T>t）= 0.925	

　　表 5.6 顯示了研究假設 1 的迴歸結果，對於創業板而言，diffp1 的無控制變量的估計模型與包含控制變量的估計模型 lnoffline 變量估計系數為 0.341 和 0.358 且在 10%和 5%的水平下顯著，說明被解釋變量 diffp1 與解釋變量 lnoffline 成正相關關係；而 diffp2 的無控制變量的估計模型與包含控制變量的估計模型 lnoffline 變量估計系數為-0.209 與-0.256，，在 10%的水平下不顯著；同時對於中小板而言，diffp1 的無控制變量的估計模型與包含控制變量的估計模型 lnoffline 變量估計系數為 0.744 和 0.529 且在 1%和 5%的水平下顯著，說明被解釋變量 diffp1 與解釋變量 lnoffline 成正相關關係；而 diffp2 的無控制變量的估計模型與包含控制變量的估計模型 lnoffline 變量估計系數為-0.446 和-0.526，在 10%的水平下不顯著。

　　通過以上迴歸分析表明，在本章的研究樣本中，利用詢價機構申購量占全體申購量比例劃分的信息優劣詢價對象報價均值之差的 diffp1 被解釋變量與新股網下超額申購倍數成正相關關係。而按照是否是推薦類投資者劃分的兩類詢價對象的報價均值之差 diffp2 與新股網下超額申購倍數無顯

著相關性，說明推薦類詢價機構可能不是真正的具有信息優勢的投資者。結合表 5.5 可以看出當 IPO 網下超額倍數進一步擴大時，其報價的均值與非推薦類詢價對象報價均值之差是不斷變小的，說明推薦類機構投資者不是具有信息優勢的機構投資者。綜合以上分析，本章研究結果支持研究假設 H1：信息優勢的機構投資者與信息劣勢的機構投資者詢價階段平均報價之差，與網下超額申購倍數成正比，利用中國 A 股詢價對象報價數據驗證了「贏者詛咒」假說。

表 5.6　　　　　　　　研究假設 1 迴歸結果

	創業板							
	無控制變量		有控制變量		無控制變量		有控制變量	
被解釋變量	diffp1		diffp1		diffp2		diffp2	
參數	係數	t 值	係數	t 值	係數	t 值	係數	t 值
常數項	0.968*	−1.83	−3.82	−0.82	0.634	0.89	4.098	0.69
lnoff	0.341*	1.93	0.358**	1.97	−0.209	−0.84	−0.256	−1.15
neps	無		−0.016,5	−0.74	無		0.020	0.80
sentiment	無		137.13**	2.04	無		−128.19*	−1.69
size	無		0.11	0.24	無		0.005	0.01
plev	無		−0.014	−1.37	無		−0.007	−0.55
age	無		0.112,66	0.53	無		−0.169	−0.57
underwriter	無		0.794***	2.49	無		−1.059**	−2.57
pprice	無		0.048,5	1.43	無		−0.069*	−1.71
樣本值	212		212		202		202	
調整 R2 值	0.213		0.369,2		0.101,2		0.367,4	
F（Wald）值	3.87		3.58		2.55		2.84	
VIF			1.21				1.23	
	中小板							
	無控制變量		有控制變量		無控制變量		有控制變量	
被解釋變量	diffp1		diffp1		diffp2		diffp2	
參數	係數	t 值	係數	t 值	係數	t 值	係數	t 值
常數項	−1.846***	−3.25	−4.23	−0.78	1.521***	3.26	4.089	0.72

表5.6(續)

lnoff	0.744***	3.41	0.529**	2.33	−0.446	−1.75	−0.526	−1.38
neps	無		−1.375	−1.12	無		−0.343	−0.47
sentiment	無		0.05	1.64	無		−0.046*	−1.89
size	無		0.214	0.41	無		−0.179	−0.33
plev	無		−0.004	−0.24	無		−0.034	−0.14
age	無		0.564**	2.16	無		−0.945**	−2.44
underwriter	無		0.273	0.63	無		−0.945**	−2.44
pprice	無		−0.039	−0.99	無		0.008	0.17
樣本值	190		190		188		188	
調整R2值	0.113		0.348,5		0.130,6		0.287,5	
F (Wald) 值	11.63		20.68		2.55		2.84	
VIF			1.47				1.46	

註：t 值為 White-robust 標準差計算得來，*** 為1%水平下顯著，** 為5%水平下顯著，* 為10%水平下顯著，VIF 為方差膨脹因子。

表5.7 顯示了研究假設2的實證結果，迴歸模型（5.2a）中，代表發行制度改革的虛擬變量 reform 迴歸係數為−0.005,8，但不顯著異於0；迴歸模型（5.2b）中，reform 迴歸係數為−0.078，在1%的水平下顯著；迴歸模型（5.2c）中，reform 迴歸係數為0.08，在1%的水平下顯著。迴歸結果（5.2a）reform 係數不顯著表明，增加網下機構投資者配售比例與接觸網下配股鎖定期等發行制度改革，並未影響到詢價對象在詢價階段的報價離散程度。迴歸模型（5.2b）表明在控制了其他因素的情況下，2012年5月實施的發行制度改革，顯著降低了詢價對象最高報價與投資價值均值之比，由於承銷商發布的《投資價值研究報告》中的投資價值區間大多以同類上市公司估值水平確定估值區間，該估值區間改革前後相對穩定，說明發行制度改革顯著降低了詢價對象對某隻股票的最高報價。迴歸模型（5.2c）表明在控制了其他因素的情況下，發行制度改革後，顯著提高了詢價對象報價均值與投資價值均值之比。結合表5.4的樣本統計描述，說明發行制度改革后，詢價對象的報價均值存在向承銷商出具的《投資價值

研究報告》中的估值均值趨同的趨勢。

　　發行制度改革前，機構投資者網下獲配的新股存在 3 個月的持股鎖定期限，而同期通過網上申購的新股卻並不存在持股時間的限制。發行制度改革前，機構投資者網下申購與網上申購相比，鎖定期的存在顯然加大了詢價對象持有新股的風險。網下詢價對象面臨更大風險，必然要求更高的投資回報，而改革后取消了網下詢價對象配股鎖定期的規定，使得網下詢價對象申購所面臨的風險與網上申購趨同，（5.2c）迴歸系數為正衡量了取消配股鎖定期對詢價對象報價行為的影響。

　　發行制度改革后，增加了兩條「發行價格高於同行業上市公司平均市盈率 25%」的規定，其一是根據詢價結果確定的發行價高於同行業上市公司平均市盈率 25% 的，發行人需要召開董事會，分析討論發行定價的合理因素及風險因素，並對董事會的意見給予及時公開披露，證監會綜合相關披露情況后可以要求發行人重新詢價等措施。其二是，發行價格高於同行業上市公司平均市盈率 25% 的發行人，上市后實際盈利低於盈利預期的，證監會視情節嚴重，對發行人、承銷商、會計師事務所採取監管談話、重點關注、出具警示函等措施，並計入誠信檔案。以上兩條新規，實質上給新股發行價格劃定了上限，發行人、承銷商和詢價對象在新股發行過程中，一般不願觸及證監會規定的價格紅線。迴歸模型（5.2b）中，reform 系數為負解釋了同行業上市公司平均市盈率 25% 定價上限的直接影響。結合統計描述表 5.4，新股發行制度改革前樣本平均抑價率為 0.236,8，而改革后樣本平均抑價率為 0.289,6，改革后抑價率高於改革前。按照邵新建和巫和懋（2009）的研究結果，取消網下配股鎖定的規定，將增加上市初期股票有效供給，從而緩解二級市場供需失衡導致的高昂抑價率。但無論是簡單的統計描述，還是模型迴歸（5.1a）、（5.1b）都無法給出發行制度改革能顯著降低新股發行抑價率的結論。考慮到發行當日市場氛圍指數 sentiment 在各模型中系數，本章認為新股發行高昂抑價率的主要因素仍是

二級市場炒作因素，而發行制度改革后，網下配股鎖定期的取消，反而加重了詢價對象參與二級市場炒作的程度。

表5.7　　　　　　　　　　研究假設2迴歸結果

迴歸模型	(2a)		(2b)		(2c)	
被解釋變量	cpricing1		cpricing2		cpricing3	
參數	系數	t值	系數	t值	系數	t值
常數項	0.154***	4.15	0.378	1.63	0.225	1.31
reform	−0.006	−1.32	−0.078***	2.65	0.08***	5.16
size	−0.005	−1.52	0.17***	7.82	0.15***	8.78
asset	0.004	4.42	−0.12***	−66.46	−0.11***	−7.16
plev	0.000,2	1.38	0.002***	2.99	0.002***	2.69
age	−0.000,2	−0.48	0.002	1.04	0.002	1.14
neps	0.000,4***	1.75	−0.009***	−2.79	−0.007***	−3.12
underwriter	−0.005,2	−1.63	0.022	1.06	0.017,13	1.19
sentiment	−2.75***	−4.43	12.95***	3.18	12.48***	4.54
GEM	0.006,1	0.78	0.004	0.09	0.01	0.29
MEM	0.008,6	1.22	0.000,8	0.02	0.000,8	0.03
樣本量	463		463		463	
調整 R^2 值	0.177,3		0.149,2		0.249,4	
F（Wald）值	4.28		9.1		13.78	

註：t值為White-robust標準差計算得來，*** 為1%水平下顯著，** 為5%水平下顯著，* 為10%水平下顯著。

通過以上分析，（5.2b）與（5.2c）部分支持了研究假設2：網下配售額度增加與配股鎖定期的解除，將促使詢價對象投資者審慎報價。

選擇樣本中占比最大的製造業上市公司子樣本進行穩健性檢驗，迴歸主要系數符號和顯著性結果不變。將發行前一年度總資產Assets換為發行前一年主營業務收入，迴歸結果不變。按照樣本中承銷商參與承銷股票總金額排序，確定前十大具有聲望的承銷商，迴歸（5.2a）、（5.2b）中underwriter 系數顯著為負，其他主要結果保持不變。利用新股同行業股票發行前 20 個交易日平均算數漲幅作為市場氛圍 sentiment 的代理變量，主要迴歸結果保持不變。使用申購總金額排名前 20%的機構投資者作為信息優勢投資者，主要迴歸結果保持不變。研究假設 1 的解釋變量 Involmeanp 和 recommeanp 使用擁有信息的詢價機構報價均值與第 5 個交易日、第 7 個交易日收盤價之比，主要結論不發生改變。

5.5　本章小結

本章選取了 2010 年 11 月至 2012 年 10 月 A 股 463 家 IPO 公司為樣本，基於對詢價對象網下報價特徵的分析，檢驗了參與新股詢價申購過程中詢價對象的報價行為特徵，並檢驗了信息優勢的詢價對象報價特徵與 IPO 抑價率的關係，以及 2012 年 5 月發行制度改革對詢價對象報價行為的影響。

研究結果表明：（1）以參與新股詢價多寡為標準劃分詢價對象信息優劣，信息優勢的詢價對象與信息劣勢詢價對象報價均值之差與網下超額申購倍數成正比。利用中國 A 股詢價對象報價，支持了 Rock（1986）「贏者詛咒」理論。（2）2012 年 5 月新股發行制度改革，顯著降低了詢價對象最高報價與投資價值均值之比，顯著提高了詢價對象報價均值與投資價值均值之比。

中國網下詢價制度下，承銷商對超額申購的新股配售權力受到嚴格限制，如果出現超額申購，則對發行價格以上的全部有效申購進行同比例配售或抽簽配售。在這種配售機制下，承銷商並未擁有實質性的分配權力，無法給予擁有信息優勢且真實報價的詢價對象充分的股權激勵，降低了詢價機制在新股定價中的效率。研究結果還表明，新股發行制度改革並未顯著降低 IPO 抑價率，新股發行高昂抑價率的主要因素仍是二級市場炒作因

素，而發行制度改革後，網下配股鎖定期的取消，反而加重了詢價對象參與二級市場炒作的程度。因此，需要進一步合理調整目前新股發行制度安排，網下發行中賦予承銷商股票自主配售權力，並對承銷商配售情況給予詳細披露；進一步增加直接融資供給力度，加大對財務虛假披露行為的懲治，增強對相關金融仲介所承擔責任，提升新股發行市場定價效率。

6 詢價制下新股發行效率的隨機前沿分析

6.1 引言

詢價制下新股在發行過程中包含三個關於股票價格信息的變量，具體而言包括新股內在價格（無法觀測）、網下詢價確定的新股一級市場發行價格、二級市場首日收盤價格。文獻中通常利用首日收盤價和新股發行價構建 IPO 抑價率衡量新股發行效率。西方文獻基於有效市場基本假設，因此新股首日二級市場收盤價能夠充分反應市場各方面因素，使用首日收盤價與發行價格構建的 IPO 抑價率用來衡量發行效率是合理的。而中國二級市場並未達到弱勢有效，網下詢價對象和二級市場散戶投資者可能對新股的估值方式存在顯著差異，簡單地使用首日收盤價計算出的 IPO 抑價率可能過高地估計了二級市場散戶投資者非理性情緒對 IPO 定價效率的影響。本章借鑑生產經濟學中常用的隨機前沿分析（Stochastic Frontier Analysis）方法，對新股內在價值進行估計，考察詢價制下中小板一級市場定價效率，並分析詢價制階段發行制度改革對新股定價效率的影響。

國內外使用隨機前沿模型（SFA）分析 IPO 抑價率成因的文獻中，對 IPO 首日高抑價現象給出了兩種不同的實證結論。Hunt, Koh and Francis（1996）在其經典文獻中，利用美國 1975—1984 年 1,000 餘家 IPO 上市公司為研究樣本，使用 SFA 模型對樣本中新股定價進行實證研究。研究結果

表明一級市場中發行人和承銷商存在明顯故意壓低新股價格（deliberate underpricing）的行為。這說明美國資本市場上的新股發行首日抑價現象主要由於新股一級市場定價過低，而二級市場首日收盤價是對一級市場偏低定價的一種修正。Chen, Hung and Wu（2002）利用臺灣地區1985—1995年期間196家IPO上市公司為研究樣本，利用SFA模型對臺灣地區新股首日IPO抑價率以及IPO上市初期表現進行了實證研究。研究結果表明，一級市場存在有意折價現象，而IPO二級市場初期表現與一級市場有意折價無關，二級市場抑價是市場噪音交易者（Noise Trader）導致的。

而國內文獻中白仲光和張維（2003）最早利用1998—2000年中國A股307家IPO上市公司為研究樣本，使用SFA上邊界模型與SFA下邊界模型對新股發行價格進行了實證檢驗，結果表明：與國外文獻不同，中國新股一級市場新股發行價格不存在有意壓價現象。陳豔麗和曹國華（2010）利用創業板2009年上市的50只股票為研究樣本，使用SFA模型對新股價格進行了實證分析，研究結果表明：IPO首日高抑價率不是由於一級市場故意壓價，而是由於二級市場錯誤定價導致。邱冬陽和熊維勤（2011）利用1996—2006年1,068家A股上市公司作為研究樣本，使用SFA模型對IPO抑價進行了分解，實證結果表明：中國新股一級市場不存在發行人或承銷商人為壓價行為，IPO首日高抑價完全是由於二級市場交易價格過高引起的。劉煜輝和沈可挺（2011）利用1996—2010年A股上市發行的1,700只股票為研究樣本，使用SFA模型實證檢驗了IPO抑價的成因，研究結論表明：一級市場抑價並非造成中國異常高IPO首日超額收益率的主要原因，新股發行的供給控制導致二級市場非理性是IPO高抑價率的主要原因。

國內以往使用隨機前沿模型（SFA）分析IPO抑價現象的文獻中，可能存在以下不足：①國內文獻使用的大多是審批制與核准制下的IPO數據；劉煜輝和沈可挺（2011）使用了時間跨度相對較長的IPO樣本，但他

們的實證研究中並沒有區分板塊差異，主板、中小板和創業板之間影響一級市場定價因素可能並不相同。如果將不同板塊的 IPO 樣本放在一起進行估計，可能得到的結論是有偏差的。②隨機前沿模型，作為一種參數（parameter）模型，不同參數選擇可能對其穩健性產生較大影響，以往文獻並未對模型設定進行敏感性檢驗。③在審批制、核准制新股發行階段，管理層對新股價格進行了嚴格的監管，所有新股都採用統一的定價模式（如限定發行價格市盈率 20 倍等），而 2005 年實施的詢價制改變了這種行政「一刀切」模式。尚未有學者研究詢價制階段三次發行制度改革對一級市場定價效率的影響。

從 2005 年開始，中國使用詢價制進行新股定價發行。截至 2013 年 10 月底，新股詢價制主要經歷了三次重大調整。

第一階段重要改革：2009 年 6 月證監會頒布並實施《關於進一步改革和完善新股發行體制的指導意見》（2009 年證監會 13 號公告），進一步完善了詢價和申購的約束機制，《指導意見》明確指出「擬採取分步實施、逐步完善的方式，分階段推出各項改革措施」。此次改革的重要措施包括：優化網上發行機制，將網下網上申購參與對象分開。對於具有參與網下詢價資格的機構投資者而言，第一階段新股發行制度改革后，只能在網下或網上申購二者擇其一。2005 年 1 月至 2009 年 5 月之間，機構投資者既可以作為詢價對象參加新股的網下的申購流程，也可以與散戶投資者一起參加網上新股配售流程。相對於擁有巨額資金，並且可以同時參與網上網下申購的機構投資而言，中小投資者通過自有資金獲配新股的中簽率較低。並且此次改革全面淡化了之前管理層廣泛使用的新股價格「窗口指導」措施，使得新股定價制度進一步市場化。

第二階段重要改革：2010 年 11 月 1 日實施的修改后的《證券發行與承銷管理辦法》（證監會第 69 號令）及其配套的《關於深化新股發行體制改革的指導意見》（證監會 2010 年第 26 號公告），進一步完善了詢價和申

報約束機制。根據此次修改后的 IPO 發行機制，在一級市場詢價過程中，若出現發行價格以上的有效申購總量大於網下配售數量的情況，對於主板而言，超額有效申購的配售方式仍然採取全部有效申購同比例配售原則；但對於中小板和創業板而言，超額有效申購的配售方式發生了改變，原有的強制要求同比例配售的規定被刪除，發行人和承銷商獲得了更多的自由分配權力。

第三階段重要改革：2012 年 5 月證監會對新股詢價發行制度進行了第三次改革，頒布並實施了《證券發行與承銷管理辦法》（證監會第 78 號令）及其配套的《關於進一步深化新股發行體制改革的指導意見》（證監會 2012 年第 10 號公告），對網下機構投資者配售比例及網下配股鎖定期進行了大幅調整。網下配售比例由原來的「公開發行股票數量少於 4 億股的，配售數量不超過本次發行總量的 20%」統一調整為「向網下投資者配售股份的比例原則上不低於本次公開發行與轉讓股份的 50%」，並明確了網下向網上的回撥機制；改革後的發行制度取消了網下配股的三個月鎖定期。招股說明書正式披露后，根據詢價結果確定的發行價格市盈率高於同行業上市公司平均市盈率 25% 的，必須進行風險提示與相關信息披露。本章利用三次新股發行制度改革將詢價制階段的新股樣本分為四組，第一組：2006 年 6 月至 2009 年 5 月；第二組：2009 年 6 月至 2010 年 10 月；第三組：2010 年 11 月至 2012 年 4 月；第四組：2012 年 5 月至 2012 年 11 月。本章使用隨機前沿分析方法對一級市場定價前沿（frontier）做出了估計，考察三次發行制度改革前後，新股一級市場定價效率影響因素；同時對詢價制後，頻繁出現的新股破發現象以及背後的原因進行了實證研究。

6.2 研究設計與樣本選擇

6.2.1 隨機前沿分析模型介紹

隨機前沿分析（Stochastic Frontier Analysis）是 Farrell 首次在 1957 年提出的，最初使用該方法對生產經濟學（production economics）進行基礎解析。之前使用最小二乘法（OLS）對投入產出進行估計得到的是平均水平上的生產效率，實際生產效率可能高於或低於估計值。如果經濟理論或經濟模型需要得出在既有投入和技術約束下能夠實現的最大產出，或給定產出水平和技術水平如何實現投入成本最小化問題時，使用最小二乘法（OLS）得到的平均產出或平均成本，不能對生產邊界（最大產出或最小成本）進行很好的刻畫。基於此原因假設生產函數如下：

$$q_i = f(x_i; \beta)$$

其中，x_i 是投入的成本，q_i 是產出，β 是需要估計的參數；假設企業的效率參數為 TE_i，且 $TE_i \in [0, 1]$，因此企業面臨的生產函數為：

$$q_i = f(x_i; \beta) TE_i$$

顯然當 $TE_i = 1$ 時，企業完全有效（fully efficient），能夠實現其最大產出 $f(x_i; \beta)$，$f(x_i; \beta)$ 被稱為企業確定生產邊界；當 $TE_i < 1$ 時，企業非完全有效，產出低於 $f(x_i; \beta)$。假設我們能夠觀測到的實際產出為 q_0，且 $q_0 < f(x_i; \beta)$，Aigner and Chu（1968）提出在生產函數中加入一個非負的隨機變量，通過該隨機變量衡量企業技術效率，因此生產函數轉換為：

$$q_0 = f(x_i; \beta) - \mu_i$$

假設生產函數滿足柯布－道格拉斯形式 $f(x_i; \beta) = \beta_0 X_1^{\beta_1} X_2^{\beta_2} \cdots X_k^{\beta_k}$，那麼

$$\ln q_i = \beta_1 \ln X_1 + \beta_2 \ln X_2 + \cdots + \beta_k \ln X_k - \mu_i \tag{6.1}$$

Aigner and Chu（1968）提出可以使用樣本產出與最大可能的邊界產出

之比作為衡量企業生產效率的指標，即：

$$\frac{q_0}{f(x_i;\beta)} = \frac{\exp(x_i\beta - \mu_i)}{\exp(x_i\beta)} \tag{6.2}$$

（6.1）式存在一個最大的缺陷，許多隨機擾動與公司管理無關，無論公司如何提升管理也不能完全消除某些隨機擾動，例如地震等管理層無法控制的自然因素。採用（6.2）式作為衡量企業效率的指標，導致我們無法區分人為可控因素 $-\mu_i$ 與自然因素對公司生產效率的影響。基於此缺點，Aigner, Lovell and Schmidt（1997）對生產函數進行了如下改進：$q_i = f(x_i;\beta)TE_i\exp(v_i)$，兩邊取對數后：$lnq_i = ln(f(x_i;\beta)) + ln(TE_i) + v_i$，定義 $\mu_i = -ln(TE_i)$，$f(x_i;\beta)$ 滿足柯布–道格拉斯生產函數形式，則有：

$$\ln q_i = \beta_0 + \sum_{j=1}^{k}\beta_j \ln(x_{ji}) + v_i - \mu_i \tag{6.3}$$

其中 x_{ji} 為投入生產要素，lnq_i 為產出的對數形式，v_i 為隨機誤差，$-\mu_i$ 為單邊誤差用於衡量生產技術的無效性。假設隨機誤差 v_i 滿足經典假設 $v_i \sim iid\ N(0,\sigma_v^2)$，$\mu_i$ 大於0，v_i 和 μ_i 相互獨立，$cov(v_i,\mu_i) = 0$。在實證中由於 $-\mu_i$ 大於0，因此 $-\mu_i$ 的分佈可以考慮使用半正態分佈（Half-Normal）、指數分佈（Exponential）、非負截尾正態分佈（Truncated Normal）或者伽馬分佈（Gamma）。由於 μ_i 和 x_i 可能存在內生性問題，因此實證中對（6.3）式一般使用極大似然法（MLE）進行估計，受到隨機誤差 v_i 的影響，實際產出是圍繞隨機前沿產出 $f(x_i;\beta) - \mu_i$ 隨機波動的，單側分佈的衡量技術不充分的 μ_i 決定實際產出小於或等於最大確定生產前沿 $f(x_i;\beta)$。

Battese and Corra（1977），定義了兩個方差參數，$\sigma^2 = \sigma_v^2 + \sigma_u^2$，$\gamma = (\sigma_u^2/\sigma^2)$，如果 γ 等於0，那麼所有與生產前沿的離差都是由隨機變量 v_i 引起的，企業生產是有效率的。如果 γ 等於1，那麼，企業的實際產出與生產邊界的偏離是由生產技術無效性單邊誤差 $-\mu_i$ 決定。

使用MLE對（6.3）進行估計后，可以得到模型的參數 β_j，便可得出

每組投入要素的前沿產量，$E(q_i | u_i == 0, x_i)$。每組投入要素的生產效率可以由以下公式計算得出：

$$EFF_i = \frac{E(q_i | u_i, x_i)}{E(q_i | u_i == 0, x_i)} \tag{6.4}$$

當（6.3）模型中被解釋變量 lnq_i 和解釋變量 $\ln(x_{ji})$ 均以對數形式出現時，要素投入的生產效率 $EFF_i = \exp(-u_i)$，本章使用 stata12.1 對隨機前沿模型進行估計。

6.2.2 樣本選擇與研究變量設計

本章選取 2006 年 6 月至 2012 年 11 月在中小板 IPO 上市的股票為研究樣本。僅僅選擇中小板作為本章的研究樣本原因如下：（1）創業板是 2009 年 10 月推出的，樣本數據並未涵蓋整個詢價制時間段。並且創業板由於高成長性與高風險性並存，可能在新股估值模式上存在顯著差異。（2）上海主板數據相對較少，並且其中包含許多以「歷史遺留」方式進行 IPO 的公司；根據第四章的研究結果顯示，詢價制下第二次改革主要針對中小板和創業板而言。因此本章僅使用中小板作為研究樣本。參考以往文獻做法，刪除所有屬於金融行業的股票，即行業代碼為 I 的上市公司數據。利用詢價制下三次發行制度重要改革將整個樣本分為四個階段，中小板數據涵蓋全體四個階段。

被解釋變量的選擇：（1）IPO 發行價格；（2）IPO 首日收盤價格。

模型解釋變量的選擇：第一類，衡量公司自身價值以及成長性的指標：「tasset」為 IPO 公司上市前一年資產總額，以往文獻研究表明資產相對充裕的公司未來收益相對穩定；「sale」為 IPO 公司上市前一年主營業務收入，作用與發行前資產總額類似，作為穩健性檢驗中「tasset」的替代變量；「roe」是 IPO 公司上市前一年淨資產收益率，以往文獻研究表明發行前一年淨資產收益率較高的公司其發行價格可能也較高；「age」為公司從成立到 IPO 發行的存續時間，成立時間長的公司擁有較長的歷史數據，投

資者能夠對其未來盈利狀況作出較好的預測，而成立時間相對較短的公司則面臨更大的不確定性；「eps」為 IPO 公司上市前一年每股收益；「naps」為 IPO 公司上市前一年每股淨資產。「Plev」為 IPO 公司上市前一年資產負債率，用於衡量上市公司償債能力。

第二類變量，主要銷商聲譽模型指標，「reputation」為偉海證券精英網（www.weihai.com.cn）承銷商聲譽變量，A 類承銷商為 1，其餘為 0。

第三類變量，發行數量，「size」為 IPO 公司募集總股數。中國 IPO 發行市場上，通常小公司採用高定價、低發行量的方式發行新股，而大公司則相反，因此我們預期發行數量與 IPO 定價負相關。

第四類變量，衡量發行時二級市場氣氛的變量。「indpe」為 IPO 公司所處行業發行當日的行業平均市盈率，文獻和實踐中行業平均市盈率都是決定 IPO 發行價格的重要因素；「index」為發行當日中小板指（399005）收盤指數變量。

第五類變量，「returnc」為衡量發行前 30 個交易日累計市場收益率代理變量。如果 30 個交易日累計市場收益率（使用考慮紅利再投資總市值加權法得到的分市場日收益率）為正則 returnc＝1，否則 returnc＝0。

第六類，「break」為是否破發的虛擬變量，當 underpricing 小於 0 時，break 為 1，否則取 0。「turnover」為 IPO 首日換手率變量，用以衡量 IPO 股票首日換手流通頻率，該指標反應股票新股首日流通性強弱。國內外文獻均發現換手率與 IPO 抑價呈正相關關係，有些文獻也將換手率作為衡量投資者非理性情緒（sentiment）的代理變量。

6.2.3　變量統計描述

本章對研究樣本四個階段的劃分是按照詢價制下三次發行制度改革進行的，具體而言：第一階段為 2006 年 6 月至 2008 年 9 月，即從 2006 年 6 月 19 日上市的中工國際（股票代碼：002051）至 2008 年 9 月 25 日上市的

華昌化工（002274）止，刪除其中金融類上市公司，該階段共有上市公司222家。第二階段為2009年7月至2010年10月，即從2009年7月10日上市的桂林三金（002275）至2010年10月21日上市的通鼎光電（002491）止，刪除其中金融類上市公司，該階段共有上市公司217家。第三階段為2010年11月至2012年5月，即從2010年11月2日上市的恒基達鑫（002492）至2012年5月7日上市的興業科技（002674）止，刪除其中金融類上市公司，該階段共有上市公司166家。第四階段為2012年5月至2012年10月，即從2012年5月25日上市的東誠生化（002675）至2012年10月11日上市的騰新食品（002702）止，刪除其中金融類上市公司，該階段共有上市公司28家。

表6.1　　　　　　　中小板四階段IPO抑價率統計描述

Panel A：	中小板各階段抑價率統計描述						
	平均值	中位數	標準差	最大值	最小值	偏度	數量
第一階段	154.63%	119.51%	107.30%	538.12%	7.66%	121.23%	222
第二階段	49.62%	37.78%	46.68%	275.33%	−7.55%	166.17%	217
第三階段	25.10%	17.95%	34.53%	191.64%	−26.33%	181.74%	166
第四階段	15.13%	10.41%	21.62%	70.67%	−9.71%	79.98%	28
全樣本	77.58%	45.92%	90.73%	538.12%	−26.33%	198.87%	647

Panel B：		中小板各階段抑價率均值的T檢驗		
		第二階段	第三階段	第四階段
第一階段	T值	13.636,2	17.854,8	6.785,6
	P-value	0	0	0
第二階段	T值		5.926	6.590,9
	P-value		0	0
第三階段	T值			3.417,6
	P-value			0

數據來源：國泰安數據庫，經stata12.1分析后整理得出。

表 6.1 Panel A 對四個階段 IPO 首日抑價率進行了描述統計。描述統計顯示，整個研究樣本共有 647 家上市公司，平均抑價率 77.58%，抑價率的中位數為 45.92%，樣本中最小抑價率是加加食品（002650）於 2012 年 1 月 6 日上市產生的最低抑價率 −26.33%。樣本中最高抑價率是宏達高科（002144）於 2007 年 8 月在深交所上市產生的最高抑價率 538.12%。樣本偏度為 198.87%，可以看出抑價率樣本存在明顯的右偏態。第一階段中國中小板新股上市首日平均抑價率為 154.63%，第二階段中國中小板 IPO 首日平均抑價率為 49.62%，第三階段中國中小板 IPO 首日平均抑價率為 25.10%，第四階段中國中小板平均抑價率為 15.13%。通過對樣本平均抑價率按發行制度改革階段劃分的四個階段的簡單分析，可以看出，隨著新股發行詢價制改革的不斷推進，第一階段、第二階段、第三階段中國中小板 IPO 首日抑價率呈現逐步下降的趨勢。

表 6.1 Panel B 對新股發行詢價制下三次改革首日抑價率均值進行了 t 檢驗，分別對第一二階段、第二三階段、第三四階段、第一三階段、第一四階段、第二四階段六種情況進行了抑價率均值檢驗。檢驗結果表明：第一階段與第二階段抑價率均值檢驗的 t 值為 13.62，P-value 為 0 低於 1% 的顯著性水平，說明第一階段和第二階段抑價率均值存在顯著差異，且第一階段抑價率均值顯著大於第二階段。與此類似其他 5 組的抑價率均值比較也證實了各階段抑價率均值存在顯著差異，且前一階段抑價率均值顯著大於后一階段。

表 6.2 變量定義與描述統計

Panel A		
符號	名稱	說明
offerprice	發行價格	
closingprice	收盤價格	
Plev	資產負債率	

表6.2(續)

Panel A		
roe	淨資產收益率	
sale	主營業務收入	萬元
tasset	總資產	萬元
age	公司成立年限	以月為單位
eps	每股收益	
naps	每股淨資產	
reputation	承銷商聲譽	虛擬變量
size	募集總股數	萬股
indpe	行業平均市盈率	
index	399005 指數收盤值	
returnc	30 個交易日市場趨勢指標	虛擬變量
break	是否破發	虛擬變量
turnover	IPO 首日換手率	

Panel B	op	cp	Plev	roe	sale	age	eps
Mean	20.69	31.83	50.72%	27.59%	94,972	87.31	0.77
Std. Dev.	13.22	17.65	14.61%	12.73%	214,140	58.06	0.40
Min	2.88	5.62	8.02%	4.08%	6,261	8.00	0.13
Max	148.00	175.17	94.28%	166.93%	4,800,000	317.00	3.74
Skewness	2.46	2.10	−0.20%	3.62%	17	0.91	2.03
	naps	size	indpe	index	turnover	returnc	
Mean	3.01	4,360	55.01	5,069	71.71%	0.47	
Std. Dev.	1.21	13,776	11.29	1,238	18.54%	0.50	
Min	0.83	1,250	24.11	1,925	18.00%	0.00	
Max	10.02	300,000	91.89	7,329	269.00%	1.00	
Skewness	1.63	19	−0.01	−1	80.71%	0.14	

數據來源：國泰安數據庫、銳思數據庫。

從表 6.2 Panel B 主要變量描述統計中可以看出，647 家上市公司，發行價均值為 20.69 元，最高發行價為 148 元，最低發行價為 2.88 元，偏度為 2.46，呈現右偏態分佈。首日收盤價均值為 31.83 元，最高收盤價為 175.17 元，最低收盤價為 5.62 元，偏度為 2.1，呈現右偏態分佈。在全體樣本中有 47%的樣本處於「牛市」（IPO 前 30 個交易日深圳 A 綜合累計日收益率為正），53%的樣本處於「熊市」。

6.3 詢價制下三次改革前后一級市場定價效率的實證結果

6.3.1 實證檢驗結果

本章參考 Hunt，Koh and Francis（1996）使用 SFA 對數線性模型對一級市場定價效率進行研究，具體表達式如下：

$$\ln(op_i) = \beta_0 + \beta_1 \ln(age_i) + \beta_2 \ln(indpe_i) + \beta_3 \ln(eps_i) + \beta_4 \ln(tasset_i)$$
$$+ \beta_5 \ln(naps_i) + \beta_6 \ln(plev_i) + \beta_7 \ln(size_i) + v_i + u_i \qquad (6.5)$$

使用 stata12.1，frontier 命令，並且假設衡量無效率的擾動項 $-\mu_i$ 服從半正態分佈（Half-Normal），對 SFA 模型（6.5）進行 MLE 極大似然估計。

Greene（1990）研究認為擾動項 $-\mu_i$ 分佈的假設對隨機效率前沿估計並不敏感，Greene 使用四種分佈函數對 123 家美國電力公司的截面數據進行了隨機成本邊界估計，結果顯示四種分佈函數對最終樣本效率的平均值影響並不顯著，因此本章使用半正態分佈刻畫 $-\mu_i$。表 6.3、表 6.4 和表 6.5 分別為全樣本 SFA 估計結果、四階段子樣本 SFA 估計結果、牛市（returnc=1）與熊市（returnc=0）子樣本 SFA 估計結果。

對於全體樣本的 SFA 估計結果，表 6.3 顯示，上市公司從創立到上市存續的時間「age」10%的顯著水平下與一級市場發行價格正相關；上市公

司發行前一年資產總額「tasset」與發行價格在 10% 的顯著水平下正相關；上市公司發行前一年每股收益「eps」與發行價格在 1% 的顯著水平下正相關；發行前一年資產負債率「plev」與發行價格在 1% 的顯著水平下負相關；上市公司所在行業平均市盈率「indpe」與發行價格在 1% 的顯著水平下正相關。各解釋變量的相關性與文獻中預期的結果相符合。由表 6.3 可以看出對 H0：$\sigma_u^2 = 0$ 的似然比檢驗在 1% 的顯著水平下拒絕了原假設，這說明對於全體樣本而言，一級市場定價是非完全有效的，存在一級市場故意壓價行為（deliberate underpricing），通過 $EFF_i = \exp(-u_i)$ 可以計算出全樣本的平均定價效率為 74.02%。

表 6.3　　　　　　　　　　全樣本 SFA 估計結果

變量	估計系數	Z 統計量	P-value
lg（age）	0.038*	1.84	0.07
ln（indpe）	0.725***	9.98	0
ln（eps）	0.876***	22.14	0
ln（tasset）	0.06*	1.63	0.1
ln（naps）	0.079	1.35	0.18
ln（plev）	-0.203	-3.68	0
ln（size）	0.042	-0.91	0.36
Const	0.848	1.89	0.06
/lnsig2v	-2.501	-14.01	0
/lnsig2u	-1.768	-6.86	0
sigma_v	0.286		
sigma_u	0.413		
sigma2	0.253		
lambda	1.443		
L-r test of sigma_u = 0：chibar2（01）= 9.11　Prob>=chibar2 = 0.001			

註：*、**、*** 分別表示在 10%、5% 和 1% 的水平下顯著。

表 6.4 為按詢價制下三次發行制度改革劃分的子樣本 SFA 估計結果，

一級市場發行定價與隨機前沿模型得到的發行價格估計值如圖6.1所示。通過4個子樣本估計結果對比，可以發現每股收益率eps在各個階段均與發行價格顯著正相關，說明一級市場機構投資者在為新股定價時，每股收益始終是一個重要的參考因素；行業平均市盈率indeps在四個階段均與新股發行價格顯著正相關，與中國監管部門長期使用行業市盈率控制發行價格相關聯。

表6.4　按詢價制發行制度改革劃分的子樣本SFA估計結果

變量	一階段 估計系數	Z統計量	二階段 估計系數	Z統計量	三階段 估計系數	Z統計量	四階段 估計系數	Z統計量
ln（age）	-0.014	-0.65	-0.032	-1.46	0.024	0.69	-0.157	-1.45
ln（indpe）	0.292***	4.96	0.549***	4.64	0.959***	7.85	0.756**	2.24
ln（eps）	0.768***	21.64	0.919***	22.27	0.777***	11.22	0.398**	2.40
ln（tasset）	0.009	0.25	0.029	0.82	-0.081	-1.09	0.044	0.26
ln（naps）	-0.029	-0.49	-0.107*	-1.88	-0.005	-0.05	0.192	0.71
ln（plev）	0.020	0.33	-0.104**	-0.19	0.159*	1.62	-0.167	-2.11
ln（size）	-0.056	-1.60	-0.044	-1.06	0.023	0.21	-0.279	-1.27
Const	2.152***	5.65	1.953***	3.03	-0.278	-0.33	2.464	1.36
/lnsig2v	-3.684***	-18.05	-3.023***	-31.17	-2.823***	-7.85	-2.11***	-8.56
/lnsig2u	-2.618***	-11.21	-11.293	-0.08	-2.743***	-2.97	-1.956***	-3.41
sigma_v	0.158		0.221		0.244		0.348	
sigma_u	0.270		0.004		0.254		0.376	
sigma2	0.098		0.049		0.124		0.263	
lambda	1.705		0.016		1.041		1.081	
L-r test	11.070		0.000		0.540		1.590	
Prob>=chibar2	0.000		1.000		0.232		0.090	

註：*、**、*** 分別表示在10%、5%和1%的水平下顯著。

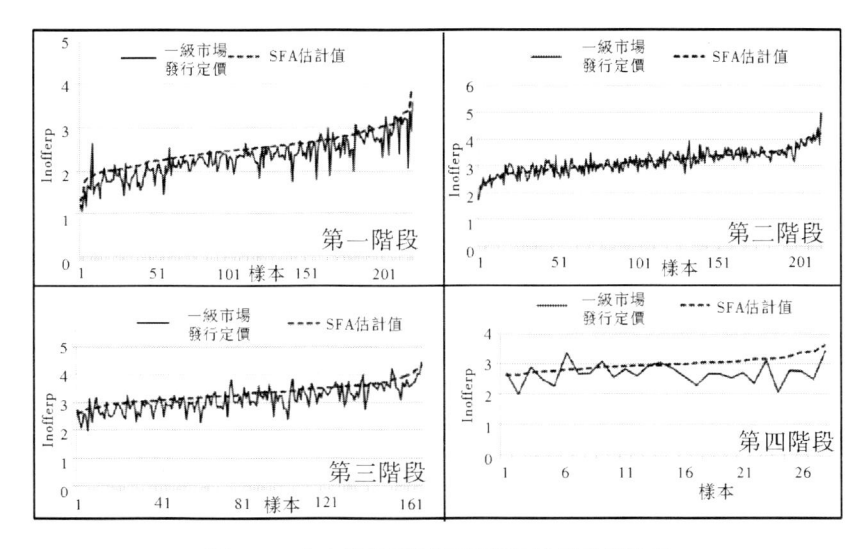

圖 6.1　中小板詢價制下四階段隨機前沿邊界

第一階段子樣本 SFA 估計結果表明，似然比檢驗拒絕了原假設 H0：$\sigma_u^2 = 0$，說明在第一階段子樣本中新股發行價格無效率，一級市場存在有意壓價現象，該子樣本下，新股一級市場定價平均效率為 82.05%。而在第二、第三階段子樣本 SFA 估計結果，似然比檢驗無法拒絕原假設 H0：$\sigma_u^2 = 0$，說明在第二、第三階段子樣本中新股發行定價達到定價效率前沿，一級市場不存在有意壓價行為。其中第二階段新股平均定價平均效率為 99.72%，第三階段新股平均定價平均效率為 82.78%。第四階段子樣本 SFA 估計結果表明，似然比檢驗拒絕了原假設 H0：$\sigma_u^2 = 0$，說明在詢價制下第三次發行制度改革后，IPO 一級市場定價效率不充分，可能存在一級市場有意壓價現象，第四階段定價平均效率為 77.41%。

對四個階段一級市場定價效率出現不同表現的解釋：2009 年 6 月證監會頒布並實施《關於進一步改革和完善新股發行體制的指導意見》之前，證監會對新股發行實施了較長時間的「窗口指導」，以此達到加強新股發行監管的目的。新股詢價制推出初期，管理層為了防止出現發行價過高的情況，對新股發行的最終價格進行了必要的窗口指導，例如：最終發行價

格不得超過自身 30 倍市盈率；最終發行價不得低於網下詢價對象報價的中位數、平均值等；實際募集資金若超過招股計劃書中列明的資金總額，需要降低發行數量或進行其他調整；A 股和 H 股發行價格應盡可能保持一致等對新股最終發行價格進行約束的「窗口指導」。因此，在第一階段研究樣本中，由於管理層對新股發行價直接進行「窗口指導」可能導致一級市場制定出的發行價格低於實際的發行價格上邊界（upper frontier），在這一階段 IPO 首日高抑價現象是一級市場定價偏低與二級市場首日價格過高共同的結果。2009 年 6 月證監會《指導意見》推出后，全面淡化了對新股發行價格的「窗口指導」，逐步淡化了對新股最終發行價格以市盈率進行「封頂」的限制。與此同時還淡化了其他一些「窗口指令」，例如對超募資金處理辦法進行了明確調整，由原來的「降低發行股數或其他調整方式」修改為「對最終定價超過預期價格導致募集資金超過項目資金需要量的，發行人應當在招股說明書及年報中詳細披露其計劃用途」。

　　2012 年 5 月 18 日實施的《證券發行與承銷管理辦法》與《指導意見》對詢價結果確定的發行價格高於同行業上市公司平均市盈率 25%的情況做出了明確約束。按照《指導意見》的辦法，如果出現新股市盈率高於同行業 25%的情況，「發行人應召開董事會，結合適合本公式的其他定價方法，分析討論發行價格的合理性因素和風險性因素，並披露相關討論信息」。與此同時，證監會對超出行業平均市盈率 25%的公司，可要求發行人及承銷商重新詢價等。

　　從 2012 年 5 月推出的發行制度改革可以看出，管理層實際給新股發行價格設定了一個「上限」，即依據新股發行價格計算出的市盈率不得高於其所在行業的平均市盈率的 25%，如果超過這一個價格上限，證監會可以要求重新進行詢價。在樣本中，我們也發現新股市盈率是不會超過證監會規定的這個上限的。在這種情況下，詢價制下第三次發行制度改革，實際給新股一級市場發行價格規定了一個上限，這可能是導致第四階段樣本一

級市場定價出現有意壓價的原因。

通過使用「考慮現金紅利再投資的日市場回報率（總市值加權平均法）」計算得到的深圳 A 綜合市場 30 個交易日累計回報率，本章將樣本分為牛市樣本（30 個交易日累計回報率大於 0）與熊市樣本（30 個交易日累計回報小於 0）兩個子樣本，使用 SFA 模型對兩個子樣本進行了估計，表 6.5 報告了估計結果。通過表 6.5，可以發現牛市樣本中，一級市場定價效率較高，無法拒絕 H0：$\sigma_u^2 = 0$ 的原假設，平均定價效率為 82.41%；而熊市樣本中，一級市場出現定價無效率的現象，拒絕了 H0：$\sigma_u^2 = 0$ 的原假設，平均定價效率為 72.98%。說明在熊市樣本中，發行人和承銷商面對二級市場行情低迷的狀況，有意將一級市場發行價格壓低，希望能順利實現新股發行的目的。而在牛市樣本中，一級市場不存在有意壓低新股發行價格的情況。

表 6.5　樣本分牛市（returnc = 1）和熊市（returnc = 0）SFA 估計結果

變量	牛市 returnc = 1 估計系數	Z 統計量	熊市 returnc = 0 估計系數	Z 統計量
ln（age）	0.036	1.06	0.029	1.17
ln（indpe）	0.684***	6.15	0.81***	8.46
ln（eps）	0.791***	13.05	0.924***	17.35
ln（tasset）	0.115**	2.05	0.039	0.75
ln（naps）	0.18*	1.93	−0.009	−0.11
ln（plev）	−0.320***	−3.39	−0.119*	−1.79
ln（size）	−0.089	−1.34	−0.026	−0.39
Const	1.049	1.44	0.491	0.85
/lnsig2v	−2.230***	−8.56	−2.83***	−11.18
/lnsig2u	−2.011***	−3.41	−1.668***	−6.42
sigma_v	0.328		0.243	
sigma_u	0.366		0.434	

表6.5(續)

	牛市 returnc＝1	熊市 returnc＝0
sigma2	0.241	0.248
lambda	1.116	1.789
L-r test	1.570	8.530
Prob>=chibar2	0.105	0.002

註：*、**、*** 分別表示在 10%、5% 和 1% 的水平下顯著。

6.3.2 穩健性檢驗

進行 SFA 分析時，由於 $lnq_i = \beta_0 + \sum_{j=1}^{k} \beta_j \ln(x_{ji}) + v_i - \mu_i$ 模型中 x 並不存在唯一、公認的選擇，因此需要對可能影響因素 x 進行穩健性檢驗。本章使用流動比率替代資產負債率、發行前一年主營業務收入替代發行前資產總額、發行當時中小板（399005）收盤指數替代行業平均市盈率，加入發行前一年淨資產收益率，加入承銷商聲譽虛擬變量，對本章 SFA 模型進行穩健性檢驗。表 6.6a 和表 6.6b 為穩健性檢驗結果，通過兩表可以看出，替換和增加一些新的並且符合經濟含義的變量後，整個 SFA 估計結果並未出現反轉，與之前的估計結果近似。第四階段子樣本在穩健性檢驗下未能收斂。

表 6.6a　　　　　　　　全樣本穩健性檢驗

變量	估計系數	Z 統計量	P-value
ln（age）	0.016	0.92	0.36
ln（index）	0.818***	19.82	0.00
ln（eps）	0.589***	10.81	0.00
ln（income）	0.019	1.00	0.32
ln（naps）	0.244***	4.19	0.00
ln（ldb）	0.119***	4.29	0.00

表6.6a(續)

變量	估計系數	Z統計量	P-value
ln(size)	-0.043	-1.43	0.15
ln(roe)	0.206***	3.93	0.00
reputation	-0.007	-0.28	0.78
Const	-4.5***	-9.89	0.00
/lnsig2v	-2.807***	-15.58	0.00
/lnsig2u	-2.190***	-7.62	0.00
sigma_v	0.246		
sigma_u	0.335		
sigma2	0.172		
lambda	1.362		
L-r test of sigma_u=0: chibar2(01) = 6.7 Prob>=chibar2 = 0.005			

註：*、**、***分別表示在10%、5%和1%的水平下顯著。

表6.6b 分階段子樣本穩健性檢驗

變量	一階段 估計系數	Z統計量	二階段 估計系數	Z統計量	三階段 估計系數	Z統計量
ln(age)	0.045,7**	2.24	-0.012	-0.55	0.034	1.01
ln(index)	0.231***	6.41	0.876***	6.17	1.37***	9.01
ln(eps)	0.434***	8.75	0.764***	12.72	0.433***	3.60
ln(income)	-0.001	-0.06	0.018	0.78	-0.023	-0.56
ln(naps)	0.276***	4.79	-0.002	-0.03	0.304**	2.24
ln(ldb)	0.010	0.34	0.099***	2.80	0.078	1.51
ln(size)	-0.004	-0.16	-0.067**	-1.96	-0.065	-0.84
ln(roe)	0.45***	7.68	0.158***	2.61	0.325***	3.29
reputation	0.005	0.18	0.014	0.48	-0.018	-0.39
Const	-0.957**	-2.08	-4.239***	-3.27	-9.275***	-5.96
/lnsig2v	-4.270***	-18.05	-3.132***	-23.20	-3.072***	-9.53

表6.6b(續)

	一階段		二階段		三階段	
/lnsig2u	-2.705***	-11.21	-8.594	-0.14	-2.536***	-4.62
sigma_v	0.118		0.209		0.215	
sigma_u	0.259		0.014		0.281	
sigma2	0.081		0.044		0.126	
lambda	2.188		0.065		1.307	
L-r test	13.680		0.000		1.500	
Prob>=chibar2	0.000		1.000		0.110	

註:*、**、***分別表示在10%、5%和1%的水平下顯著。

6.4 詢價機制下中小板新股破發因素實證分析

表6.7為IPO首日破發64個樣本的主要變量統計描述，通過與表6.2 PanelB的簡單對比分析可以發現，破發樣本組首日換手率相對於全體樣本而言更低，並且變量returnc均值為0.17，說明在破發樣本中有83%的IPO股票前30個交易日市場累計收益率為負，而全體樣本中returnc均值為0.47，說明在全體樣本中只有53%的IPO股票前30個交易日市場累計收益率為負，破發樣本與全體樣本在換手率與市場累計收益率兩個變量上存在顯著差異。為了分析影響新股破發的因素，本章使用隨機前沿分析模型對破發樣本的一級市場發行價格與二級市場首日收盤價進行估計，通過對比分析考察中小板詢價制下新股破發的原因。

表6.7　　　　　　　　破發樣本統計描述

	underp	op	cp	Plev	roe	sale	age
Mean	-6.61%	30.75	28.64	50.88%	35.87%	144,899	111.75
Std. Dev.	4.53%	13.78	12.70	14.60%	23.37%	165,041	69.77

表6.7(續)

	underp	op	cp	Plev	roe	sale	age
Min	−26.33%	8.00	7.89	22.88%	14.22%	19,070	11
Max	−0.05%	86.00	77.40	81.93%	166.93%	875,358	317
Skewness	−152.00%	1.30	1.21	−0.25%	3.31%	2.87	0.65
Obs	64	64	64	64	64	64	64
	eps	naps	size	indpe	index	turnover	returnc
Mean	1.05	3.57	3,811.95	48.66	5,322.06	0.33	0.17
Std. Dev.	0.40	1.29	1,563.76	9.07	813.92	0.09	0.38
Min	0.52	0.83	1,330	24.11	4,042.32	0.18	0.00
Max	2.45	7.54	7,750	71.17	6,734.33	0.54	1.00
Skewness	1.26	0.67	0.67	0.05	0.10	0.57	1.74
Obs	64	64	64	64	64	64	64

註：數據來源：國泰安數據庫與銳思數據庫。

對破發樣本一級市場定價前沿的估計仍使用（6.5）式，對破發樣本二級市場首日收盤價的前沿估計使用如下模型：

$$\ln(cp_i) = \beta_0 + \beta_1 \ln(age_i) + \beta_2 \ln(indpe_i) + \beta_3 \ln(eps_i) \\ + \beta_4 \ln(tasset_i) + \beta_5 \ln(naps_i) + \beta_6 \ln(plev_i) \\ + \beta_7 \ln(size_i) + \beta_8 \ln(turnover_i) + \beta_9 \ln(index_i) + v_i + u_i$$

(6.6)

（6.6）式在（6.5）式的基礎上添加了衡量二級市場投資者情緒的代理變量首日換手率（turnover）以及中小板（399005）IPO當日收盤指數這兩個與二級市場收盤價相關的變量。表6.8報告了破發樣本的一級市場發行定價的SFA估計結果，表6.9報告了破發樣本二級市場首日收盤價SFA估計結果。

表 6.8　　　　　　　　破發樣本一級市場定價 SFA 估計結果

變量	估計系數	Z 統計量	P-value
ln（age）	0.006	0.12	0.90
ln（indpe）	1.188***	6.93	0.00
ln（eps）	0.787***	6.90	0.00
ln（tasset）	0.048	0.52	0.60
ln（naps）	-0.075	-0.69	0.49
ln（plev）	0.008	0.06	0.95
ln（size）	-0.214*	-1.81	0.07
Const	0.185	0.19	0.85
/lnsig2v	-3.476***	-6.32	0.00
/lnsig2u	-2.809***	-3.35	0.00
sigma_v	0.176		
sigma_u	0.245		
sigma2	0.091		
lambda	1.396		
L-r test of sigma_u = 0: chibar2（01）= 0.7　Prob>=chibar2 = 0.202			

註：*、**、*** 分別表示在 10%、5% 和 1% 的水平下顯著。

由表 6.8 可以看出每股收益及行業市盈率與一級市場新股定價顯著正相關，並且似然比檢驗無法拒絕原假設 H0：$\sigma_u^2 = 0$。同時破發樣本中，新股平均定價效率為 83.12%，說明一級市場不存在人為壓低發行價格現象，新股一級市場定價是有效率的。由表 6.9 可以看出每股收益及行業市盈率與二級市場首日收盤價顯著正相關，但是似然比檢驗拒絕了原假設 H0：$\sigma_u^2 = 0$。同時破發樣本中，新股平均二級市場定價效率為 76.32%，說明二級市場首日收盤價存在有意壓價行為，二級市場收盤價格並未達到完全有效。結合一級市場 SFA 分析結果以及描述統計結果，本章認為研究樣本中新股破發的主要原因是二級市場定價無效率，或者說二級市場低迷導致二級市場首日收盤價格低於股票內在價值，同時一級市場定價仍然按照新股

發行價格上邊界進行定價，最終導致新股首日破發。

表 6.9　　　　　破發樣本二級市場收盤價 SFA 估計結果

變量	估計系數	Z 統計量	P-value
ln（age）	-0.039	-0.83	0.41
ln（indpe）	0.908***	3.72	0.00
ln（eps）	0.602***	4.61	0.00
ln（tasset）	0.124	1.59	0.11
ln（naps）	0.025	0.19	0.85
ln（plev）	-0.074	-0.64	0.53
ln（size）	-0.275**	-2.51	0.01
ln（turnover）	-0.119	-0.90	0.37
ln（index）	0.393	1.40	0.16
Const	-2.190	-1.08	0.28
/lnsig2v	-4.674***	-3.85	0.00
/lnsig2u	-2.121***	-4.46	0.00
sigma_v	0.097		
sigma_u	0.346		
sigma2	0.129		
lambda	3.585		
L-r test of sigma_u=0：chibar2（01）=2.55　Prob>=chibar2=0.055			

註：*、**、***分別表示在10%、5%和1%的水平下顯著。

6.5　本章小結

本章利用 2006 年 6 月至 2012 年 11 月 647 個中小板 IPO 上市公司作為研究樣本，使用隨機前沿分析模型對詢價制下一級市場定價效率進行了實證研究。結果表明：（1）對全體樣本而言，詢價制后中國新股一級市場定

價仍然存在有意壓低發行價格的現象，一級市場定價仍然顯著偏離隨機前沿分析估計出的價格上限。

（2）按照詢價制階段新股發行機制進行的三次改革，將全體樣本分為四個階段，並對每個階段一級市場定價進行隨機前沿模型估計，估計結果顯示：管理層對一級市場新股定價的「窗口指導」政策會導致一級市場定價非完全效率，而取消這類「窗口指導」政策后一級市場定價是有效的，不存在有意壓低發行價格的行為。具體而言，2009 年 6 月改革前，中國新股發行存在「窗口指導」，該階段一級市場發行價格是非完全有效的；2009 年 6 月改革后至 2012 年 5 月底三次改革前，中國新股發行一級市場價格是完全有效的，而 2012 年 5 月第三次改革后，由於對新股發行價格進行了同行業市盈率上限的「窗口指導」，導致該階段一級市場發行定價是非完全有效的，政策原因導致一級市場可能存在人為壓低發行價格的現象。

（3）使用「考慮現金紅利再投資的日市場回報率（總市值加權平均法）」計算得到的深圳 A 綜合市場 30 個交易日累計回報率，將樣本分為牛市與熊市兩個子樣本，使用隨機前沿模型對兩個子樣本一級市場定價效率進行估計，估計結果表明：熊市中一級市場定價顯著偏離隨機前沿模型估計的價格上限，發行人或承銷商在熊市中可能存在壓低新股發行價格以保證發行順利進行的現象。

（4）使用隨機前沿分析模型對樣本中 64 家 IPO 首日破發的中小板新股進行了實證檢驗，結果表明：破發樣本中並不存在一級市場價格有意壓低現象，而二級市場首日收盤價格卻顯著偏離隨機前沿模型估計的價格上限，說明影響新股破發的主要原因是二級市場低迷導致的二級市場交易價格偏低。

7 風險投資參股與新股發行效率

7.1 引言

風險投資（venture capital investment）一般是指實行專業化管理，對新興的以增長為訴求的未上市公司進行股權式投資（Hellmann 2000）。西方發達國家的經驗表明：風險投資作為產業創新與金融創新相結合的金融仲介，更關注以「高科技、高成長、高風險」為特徵的新興公司。風險投資在中國誕生的歷史並不長，其真正加速發展的階段是在 2009 年中國創業板推出前後。自中小板與創業板開板推出以來，大量風險投資機構出現在上市公司股東名單中。風險投資機構對待上市公司的股權投資將如何影響其新股定價效率？風險投資機構何時進行股權投資、投資參股比例大小、及風險投資機構的聲譽狀況等諸多因素如何影響上市公司新股發行定價效率，目前文獻中還存在廣泛爭議。一種觀點認為，風險投資的介入將幫助公司建立並完善約束監督機制，改進公司治理結構，有效降低待上市公司與外部投資者間的信息不對稱，從而降低了發行時的抑價率（Barry，1990；Megginson and Wiss，1991；Nahata，2008）。另一種觀點則認為，由於風險投資作為以盈利為目的的金融仲介，其管理者在有限的年限內面臨募集資金增值的業績考核壓力，因此願意以較為高昂的發行抑價為代價，達到所投資公司更早上市的目的（Gompers，1996；Lee and Wahal，

2004）。近年來國內文獻對風險投資介入 IPO 定價效率的問題逐漸關注，但在變量設定、計量模型處理以及樣本容量等方面尚有明顯改進的空間。

由於風險投資機構對公司的股權投資是公司管理者與風險投資基金管理者間的雙向選擇，因此風險投資的介入可能產生兩種效應：（1）增值效應（added-value effect）。某些擁有資歷或聲譽優勢的風險投資機構，在滿足公司資金需求的同時，也為公司的成長提供相關幫助，從而增加了公司在 IPO 時的內在價值（Ljungqvist 和 Lu，2006）。（2）排序效應（sorting effect）。公司在選擇風險投資時，除了考慮資金需求以外更看重風險投資的網路效應（network effect），具有資歷或聲譽優勢的風險投資能為公司帶來更大附加增值效應。因此這類風險投資將獲得更多投資公司選擇空間。在排序效應的假設下，具有資歷或聲譽優勢的風險投資所參股的公司在 IPO 時抑價率更低，主要是由於其所投資的公司自身更優秀，而風險投資所提供的增加公司內在價值的改善效應起到了相對次要的作用。（Casamatta，2003；Cornelli and Yosha，2003）。

增值效應與排序效應並不相互排斥，具有資歷或聲譽優勢的風險投資既能獲得優質公司的青睞，又能為公司提供管理諮詢等增值服務，因此風險投資與被投資公司間存在的內生性選擇（heterogeneous choice）問題。經濟學中處理內生性問題通常採用工具變量法，但該方法存在一些不足。首先工具變量法所推論出的因果關係被稱為「局部平均處理組效應」（local average treatment effect）（Wooldrige，2002）；其次工具變量法能否給出因果推論很大程度上取決於研究者能否找到合理的工具變量，一旦存在弱工具變量（Weak IV）問題，估計結論將存在較大問題；最後，工具變量的實施需要具備一定的隨機性以滿足不相關性假設（胡安寧，2012）。本章使用的傾向值配比法是處理內生性選擇的一種方法。傾向值配比法（PSM）基於調查研究的樣本數據，將處理組與控制組的個體通過某些既影響研究個體是否參與項目又影響最終結果的變量 X，利用某些配比方法

進行匹配，利用配比后的樣本對研究問題進行分析。

　　本章圍繞公司 IPO 這一風險投資重要的退出方式，分三個步驟討論風險投資在公司 IPO 過程中所起到的作用。首先，比較研究樣本中風險投資參股的上市公司與無風險投資的上市公司首日抑價率程度；其次，比較所有擁有風險投資的上市公司中，風險投資聲望對上市公司 IPO 首日抑價率的影響；最后，研究風險投資參股的上市公司與無風險投資參股的上市公司在解除鎖定期時，相應股票的量價效應。

　　相對於之前國內研究結果（談毅，2009；賈寧和李丹，2011；李曜和張子煒，2011），本章的主要貢獻在於：（1）研究樣本有了顯著增加，相對於談毅（2009）48 個研究樣本，賈寧和李丹（2011）70 個研究樣本，李曜和張子煒（2011）153 個研究樣本，本章的研究樣本擴展到 642 個，改善了已有文獻中由於研究樣本數量不足可能導致結論的不穩健問題。（2）估計方法上使用傾向值配比的實證方法，有效的處理了風險投資與被投資公司內生性選擇問題，在配比變量的選擇上考慮到理論上無法給出明確的配比關係，從簡至繁給出了三類配比變量，使得配比后的研究結果更為穩健。並且首次使用與二級市場「火熱」程度無關的網下詢價階段機構投資者的報價區間離散程度、報價區間與主承銷商估值區間的比值作為 IPO 定價效率的替代解釋變量，再次對本章研究目的進行了穩健性檢驗。（3）得到了新的結論，風險投資支持的公司與無風險投資支持的公司在 IPO 抑價率上沒有顯著差異；在擁有風險投資支持的子樣本中，風險投資聲望並不對風險投資參股公司 IPO 抑價率產生顯著影響。（4）首次對風險投資參股公司 IPO 鎖定期解除效應進行了實證分析。

7.2　研究設計與研究假設

　　Barry（1990）對美國 1978—1987 年間 433 家風險投資參股的公司與

1,123家非風險投資機構參股的公司IPO定價效率進行了比較，結果顯示有風險投資參股的公司其IPO抑價率低於無風險投資參股的公司。Meggison和Weiss（1991）利用美國1983—1987年上市公司數據研究發現，風險投資在公司IPO過程中起到了「信息披露」和「認證」作用。由於風險投資機構在某一領域具有信息與專業優勢，其對公司的投資選擇不僅為公司提供了資金與管理支持，該投資行為也間接向市場上的外部投資傳遞了公司的內部信息，從而降低了公司上市融資成本，提升IPO定價效率。這一理論得到了Nahata（2008），Arikawa and Imadeddine（2010）等學者的支持。Hellman和Puri（2002）認為，相對於傳統財務投資，風險投資能夠起到增加公司價值的作用。

Gompers（1996）提出風險投資具有「逐名性（Grandstanding）」假說。由於大多數風險投資採用契約或有限合夥的組織模式，在經營業績與經營年限的雙重考核下，風險投資基金在期滿時需將出資人的本金、收益以現金或公司股票的形式返回，因此從業年限較短或聲望較低的風險投資機構更願意促使其投資的公司盡早上市，通過公司上市這一事件建立聲望及社會關係網路，為其后續再次募集資金、投資公司等帶來更大收益。Francis and Hasan（2001），Lee and Wahal（2004）利用美國的數據支持了「逐名」假說，Elston and Yang（2010）利用德國的數據支持了逐名假說。Kaplan and Stromberg（2004）認為風險投資與被投資公司間存在四類委託代理問題，因此風險投資對公司進行投資前會對公司進行風險盡職調查（due diligence），被投資公司的不同風險因素會影響最終的投資金額與投資條款，並且作為資金需求方的公司也會對風險投資機構的管理能力、社會關係網路等方面進行篩選。其他研究也表明，無論是投資前的盡職調查還是訂立激勵相容的投資條款都說明風險投資機構對公司的股權投資存在內生性。

相比於國外文獻，國內僅有少數文獻研究風險投資參股對新股上市定

價效率的影響。張凌宇（2007）利用 50 家中小板上市公司的數據，其中 12 家擁有風險投資參股公司，得出風險投資參股的公司 IPO 抑價率大幅高於非風險投資參股的公司，認為該現象可由逆向選擇理論進行解釋。賈寧和李丹（2011）利用 2004—2008 年中小板上市公司數據，研究了新股上市及上市后表現，其結論是風險投資參股公司 IPO 抑價率顯著高於非風險投資支持的公司，能夠用「逐名」假說解釋中國實際情況。李曜和張子煒利用 2009—2010 年 153 家創業板上市公司數據，發行私股權參股的公司 IPO 抑價率較非私募股權參股的公司更高，私募股權投資並不能對公司 IPO 起到「認證」作用，而天使投資對公司的股權投資並不影響其 IPO 抑價率。國內已有文獻存在幾點不足：首先，已有文獻中樣本數量較小。國內風險投資從 2007 年底呈現加速發展的態勢，並在創業板推出後達到一個新的發展階段，而以往文獻研究時間跨度多為 2007 年前後，其研究樣本中擁有風險投資的上市公司數量較小，較小樣本可能會影響研究結果的穩健性。其次，已有文獻表明導致中國 IPO 抑價率偏大的主要原因是二級市場「爆炒」新股，因此僅以發行首日抑價率作為衡量新股發行定價效率的唯一指標，可能對風險投資真實效應做出有偏的推論。

本章在以往研究的基礎上提出點研究假設 H1 和 H2：

H1：假設風險投資的參股對公司存在認證（certification）作用，則擁有風險投資的上市公司其 IPO 抑價率應低於沒有風險投資的公司。

H2：假設逐名（grandstanding）假說成立，則在擁有風險投資的上市公司中，無聲望風險投資參股的上市公司的 IPO 抑價率應高於有聲望的風險投資參股的上市公司。

二級市場股票價格受到供給衝擊時會產生系統性的波動，大量實證研究都證明了該假說（Shleifer，1986；Lynch and Mendenhall 1997；Wurgler and Zruravskaya 2002 等）。Ofeck and Richardson（2000）研究表明 1996—1998 年 1,056 家 IPO 鎖定期解除日及前四天股票價格出現了 -1.15% 至

-3.29%長期累積異常回報，成交量出現 38%的長期增長。Field and Hanka（2001）研究了 1988—1997 年 1,948 個 IPO 鎖定期樣本，結論是平均而言，鎖定期前後三天，股票價格顯著累積下跌 1.5%，並且風險投資參股的股票價格下降程度顯著高於無風險投資參股的股票。

梁洪昀（2002）對配售戰略投資者或其他法人的新股在鎖定期解除日前后的股價與成交量進行研究，發現採用上網定價與網下配售相結合方式發行的股票，在解除鎖定日有顯著的-1.93%平均異常收益；股票的成交量有 760%的異常增長，但異常成交量在隨後一個月內逐漸恢復到正常水平。趙自兵等（2010）對 2006—2008 年 265 家 IPO 公司進行研究，結果也證實了全流通背景下 A 股市場存在顯著的 IPO 鎖定解除效應，並且牛市鎖定效應強於熊市。本章在以往文獻的基礎上，分析風險投資參股是否對 IPO 鎖定期解除效應帶來不同的影響，並提出研究假設 H3：

H3：持股鎖定期結束時，擁有風險投資的股票拋售效應更強，具有更高的異常成交量以及更低的累計異常收益率，且風險投資機構的投資累計收益率也將對累計異常收益率產生影響。

7.3 研究樣本及描述統計

本章研究樣本選取 2009 年 10 月 31 日至 2012 年 2 月 28 日在深交所中小板及創業板首次公開發行上市的 642 家上市公司，其中創業板上市公司 287 家，中小板上市公司 355 家。由於創業板開板時間為 2009 年 10 月 31 日，為了使得中小板數據與創業板數據能夠在時間上匹配，本章中小板數據也選擇 2009 年 10 月 31 日作為起始點。風險投資的持股比例、持股時間（風險投資股權投資距新股發行的時間）、持股成本、資金來源、詢價階段機構投資者報價區間等數據來源於手工整理《招股說明書》及《股本演變

情況》；風險投資是否具有聲譽的評判標準取自《2011 年中國創業投資暨私募股權投資年度排名》，風險投資機構從業時間來源於手工整理；券商聲譽排名數據來源，偉海證券精英網（http：//www. weihai. com. cn/）；其他數據來自國泰安數據庫。手工整理風險投資機構數據標準如下：1. 該機構的經營範圍包括「投資股權控股業務」「股權投資」「風險投資」「投資管理」「投資高新技術項目和公司」等關鍵字；2. 該機構並非管理層持股或職工持股；3. 該機構的組織形式為有限合夥公司。通過以上三條標準對 642 家上市公司所披露的信息進行手工檢索得到本章的風險投資機構數據。手工檢索相對於以往利用上市公司前十大股東信息中是否帶有「創業投資」「風險投資」等信息的篩選出風險投資機構優勢在於，不僅剔除了大量前十大股東中管理層與員工持股的偽「風險投資機構」，而且將十大股東之外數量巨大的「小微」風險投資機構也納入研究範圍，而且可以得到更為準確地獲得風險投資機構的持股時間、持股成本、從業時間等數據。

表 7.1 為本章研究樣本的統計描述。在創業板 IPO 的 355 家公司中，有風險投資參股的公司為 156 家，占創業版 IPO 公司總數的 44%；無風險投資的公司為 199 家，占中小版 IPO 公司總數的 56%。擁有風險投資的中小板上市公司的風險投資平均持股比例為 13.38%；平均每個公司有 2 家風險投資機構參股；從第一家風險投資介入到 IPO 上市，風險投資機構平均持股時間為 37.1 個月；以 IPO 首日收盤價計算的平均累計收益率為 761.74%。發行首日，355 家中小板上市公司的平均網上中簽率為 1.25%，其中，有風險投資參股的上市公司中簽率為 1.58%，無風險投資的上市公司中簽率為 1%，有風險投資的上市公司的中簽率相對較高。發行首日，355 家中小板上市公司的平均換手率為 71.87%，其中，有風險投資參股的上市公司換手率為 70.46%，無風險投資的上市公司換手率為 72.97%。

在創業板 IPO 的 287 家公司中，有風險投資參股的公司為 159 家，占

中小版 IPO 公司總數的 55%；無風險投資的公司為 128 家，占中小版 IPO 公司總數的 45%。擁有風險投資的創業板上市公司的風險投資平均持股比例為 14.23%；平均每個公司有 2 家風險投資機構參股；從第一家風險投資介入到 IPO 上市，風險投資機構平均持股時間為 33.55 個月；以 IPO 首日收盤價計算的平均累計收益率為 1,115.07%。發行首日，287 家創業板上市公司的平均網上中簽率為 1.16%，其中，有風險投資參股的上市公司中簽率為 1.09%，無風險投資的上市公司中簽率為 1.25%，有風險投資的上市公司的中簽率相對較低。發行首日，287 家創業板上市公司的平均換手率為 73.44%，其中，有風險投資參股的上市公司換手率為 73.05%，無風險投資的上市公司換手率為 73.92%。

　　在中小板和創業板擁有風險投資參股的上市公司中，擁有風險投資的上市公司，其公司經營時間均高於無風險投資的上市公司，但二者差異並不顯著，這點和以往國內外文獻的統計描述明顯不同。衡量二級市場炒作程度的發行首日平均換手率指標，風險投資機構與非風險投資機構並無顯著差異。詳見表 7.1 的 Panel A。

　　本章按照上市公司總部所在地及風險投資公司註冊地對研究樣本進行了分組。結果顯示，在中小板上市公司中，總部位於廣東、北京、江蘇、浙江、上海、山東六個省、直轄市的合計達到 249 家，占中小板總數的 70%，其他地區合計僅為 30%。在創業板上市公司中，總部位於上述六個省、直轄市的合計達到 192 家，占創業板總數的 67%，其他地區合計僅為 34%。從上述兩個板塊的上市公司地理分佈情況來看，雖然上市公司總部的地理位置相對集中，但其是否擁有風險投資參股與其總部地理位置並無明顯相關性。詳見表 7.1 的 Panel B。

表 7.1　　　　　　　　　　樣本統計描述

Panel A：風險投資持股特徵			
全樣本		有風險投資的公司	無風險投資公司
中小板			
IPO 公司數	355	156	199
風險投資平均持股比例（％）		13.38	
擁有風險投資公司平均風險投資機構數量		2.08	
風險投資平均持股時間（月）		37.1	
IPO 公司平均成立時間（月）	131.84	133.37	130.64
風險投資累計收益率（％）		761.74	
上市前公布的最早營業收入（萬元）	75,299.11	60,665.53	86,770.65
平均發行價格	27.16	27.69	26.74
平均網上發行中簽率（％）	1.25	1.58	1
發行首日平均換手率（％）	71.87	70.46	72.97
創業板			
IPO 公司數	287	159	128
風險投資平均持股比例（％）		14.23	
擁有風險投資公司平均風險投資機構數量		2.03	
風險投資平均持股時間（月）		33.55	
IPO 公司平均成立時間（月）	124.79	125.81	123.53
風險投資累計收益率（％）		1,115.07	
上市前公布的最早營業收入（萬元）	16,170.3	15,904.38	16,500.62
平均發行價格	31.3	31.85	30.62
平均網上發行中簽率（％）	1.16	1.09	1.25
發行首日平均換手率（％）	73.44	73.05	73.92

<table>
<tr><td colspan="5" align="center">Panel B：上市公司及風險投資持股公司總部地理位置分佈</td></tr>
<tr><td colspan="5" align="center">中小板</td></tr>
<tr><td>省份</td><td>上市公司數量</td><td>風險投資參股公司</td><td>上市公司數量占全國比</td><td>風險投資數量占比</td></tr>
<tr><td>廣東</td><td>70</td><td>31</td><td>19.72%</td><td>44.29%</td></tr>
<tr><td>北京</td><td>24</td><td>10</td><td>6.76%</td><td>41.67%</td></tr>
<tr><td>江蘇</td><td>53</td><td>28</td><td>14.93%</td><td>52.83%</td></tr>
<tr><td>浙江</td><td>56</td><td>20</td><td>15.77%</td><td>35.71%</td></tr>
<tr><td>上海</td><td>14</td><td>6</td><td>3.94%</td><td>42.86%</td></tr>
<tr><td>山東</td><td>32</td><td>16</td><td>9.01%</td><td>50.00%</td></tr>
<tr><td>其他</td><td>106</td><td>45</td><td>29.86%</td><td>42.45%</td></tr>
<tr><td colspan="5" align="center">創業板</td></tr>
<tr><td>廣東</td><td>56</td><td>28</td><td>19.51%</td><td>50.00%</td></tr>
<tr><td>北京</td><td>42</td><td>28</td><td>14.63%</td><td>66.67%</td></tr>
<tr><td>江蘇</td><td>29</td><td>17</td><td>10.10%</td><td>58.62%</td></tr>
<tr><td>浙江</td><td>26</td><td>16</td><td>9.06%</td><td>61.54%</td></tr>
<tr><td>上海</td><td>24</td><td>7</td><td>8.36%</td><td>29.17%</td></tr>
<tr><td>山東</td><td>15</td><td>10</td><td>5.23%</td><td>66.67%</td></tr>
<tr><td>其他</td><td>95</td><td>53</td><td>33.10%</td><td>55.79%</td></tr>
</table>

數據來源：國泰安數據庫與手工整理上市公司年報數據。

7.4　估計方法及實證結果

7.4.1　估計方法選取

如果採用 OLS 估計，將風險投資是否參股作為啞變量放入迴歸模型中，並控制其他可能對 IPO 抑價率產生影響的變量，通過分析該啞變量迴歸系數是顯著為正還是顯著為負，以此推斷風險投資對公司 IPO 定價效率

起到何種作用，但是該估計方法存在潛在風險。首先，風險投資參股啞變量的迴歸系數是一種「平均」效果。該迴歸系數回答的是：在所有公司中任選一個，如果它擁有風險投資參股，其 IPO 抑價率會是什麼水平。

然而，我們所關心的問題則是：（1）任選一個已經擁有風險投資的公司，如果它沒有風險投資支持的話，其 IPO 抑價率會是什麼水平；（2）任選一個沒有風險投資參股的公司，如果它有風險投資支持的話，其 IPO 抑價率會是什麼水平。（1）和（2）是兩個不同的問題，而 OLS 迴歸模型並不區分它們，只是取了它們的平均水平，這樣做無疑會產生偏誤。其次，正如前文所述，評估風險投資機構參股公司效應時，面臨增值效應與排序效應，因此風險投資機構持股與公司 IPO 定價效率之間可能由於內生性選擇問題導致估計偏差。基於 OLS 估計方法可能存在的兩點潛在風險，本章選擇傾向值配比（propensity score matching）的框架來分析風險投資參股對公司 IPO 定價效率的影響。定義變量與符號如下：

表 7.2　　　　　　　　　定義變量與符號

兩組公司	有創投支持的 IPO 定價效率	無創投支持的 IPO 定價效率
E = 1	Y^A （可觀測）	Y^B （不可觀測）
E = 0	Y^A （不可觀測）	Y^B （可觀測）

其中 E = 1 表明公司擁有風險投資持股，E = 0 表示公司不擁有風險投資持股；Y^A 是擁有風險投資持股的公司 IPO 首日抑價率，Y^B 是無風險投資參股的公司 IPO 首日抑價率，我們能夠觀測到的數據為風險投資參股公司的 IPO 抑價率 $E(Y^A | E = 1)$ 與非風險投資參股的公司 IPO 抑價率 $E(Y^B | E = 0)$。定義平均政策效應（ATE）為：

$$\text{ATE} = E(Y^A | E = 1) - E(Y^B | E = 0) \tag{7.1}$$

風險投資參股對處理組的平均效應（ATT）為：

$$ATT = E(Y^A \mid E = 1) - E(Y^B \mid E = 1) \tag{7.2}$$

（7.1）式可以轉換為

$$\begin{aligned}ATE &= [E(Y^A \mid E = 1) - E(Y^B \mid E = 1)] \\ &\quad + E(Y^B \mid E = 1) - E(Y^B \mid E = 0) \\ &= ATT + E(Y^B \mid E = 1) - E(Y^B \mid E = 0) \\ &= ATT + SB \end{aligned} \tag{7.3}$$

（7.3）式的第二部分為選擇性偏誤（selection bias），如果這部分等於0，那麼風險投資介入對處理組的平均效應 ATT 可以通過 OLS 模型加以估計，

$$\widehat{ATE} = E(Y \mid E = 1) - E(Y \mid E = 0) \tag{7.4}$$

但在大多數情況下，選擇性偏誤均不為零，風險投資機構與公司之間的選擇是非隨機的，這就導致僅僅通過比較二者均值上的差異並不能真實的評價風險投資參股對公司 IPO 抑價率的影響。依據 Rosenbaum 和 Rubin（1983）提出的傾向值（propensity score），該傾向值定義為在給定事前變量特徵 X（pre-treatment characteristics）的條件下，總體樣本中成為處理組（即風險投資參股）的概率，如表達式（7.5）所示。

$$P(X) = Pr(E = 1 \mid X) = E(E = 1 \mid X) \tag{7.5}$$

$$\begin{aligned}ATT &= E(Y^A \mid E = 1) - E(Y^B \mid E = 1) \\ &= E[E(Y^A \mid E = 1, P(X))] - E\{[E(Y^B \mid E = 0, P(X))] \mid E = 1\}\end{aligned} \tag{7.6}$$

估計出傾向值后，利用不同的匹配方法將無風險投資參股的公司與有風險投資參股的公司進行匹配，比較常用的匹配方法包括近鄰匹配（Nearest Neighbor Matching）、核心匹配（Kernel Matching）、層級匹配（Stratification Matching）與半徑匹配（Radius Matching）。基於這些匹配后的樣本，利用表達式（7.6）進行因果系數估計。在這個匹配后的樣本中，只需要比較那些有風險投資參股的公司與無風險投資參股的公司它們在

IPO 抑價率上的平均差異即可得到無偏的風險投資參股的實際效應。

7.4.2 研究假設 H1 的實證結果

傾向值配比估計的關鍵在於計算傾向值 P(X) 時模型設定問題，通過可觀測的變量，將非風險投資參股公司與風險投資參股公司進行配比，配比變量的選擇將對研究結果產生實質性影響。Rubin and Thomas (1996) 建議將所有可能影響研究個體是否參與某項目或對研究結果可能產生影響的變量都納入 X 中。實證文獻中 PSM 模型的具體應用中對 X 的選擇大多都參考經濟理論模型以及以往實證結果，對於 X 變量的選擇沒有統一且明確的標準，需要根據研究目的以及數據特性綜合選擇。

由於配比變量 P(X) 的選擇並無唯一的標準，參考以往文獻並結合樣本數據的統計特徵，決定從簡至繁選擇三組可能影響風險投資參股的因素作為配比變量。三組配比變量的選擇遵循逐步添加與公司經營狀況的原則，第一組配比變量不包含與公司未來盈利相關的因素，僅僅考慮相對外生，如地理、自然年份、行業等的因素；第二組、第三組配比變量逐步加入有關公司規模、負債水平、盈利能力等諸多相對內生有較大影響的因素。然后利用表達式（7.5）估計出傾向值。再使用估計出的傾向值採用層級匹配、核心匹配與半徑匹配三種方式進行匹配。

表 7.3　　　　　　　　　配比變量與控制變量

配比變量選擇	
組（一）	企業總部所在地啞變量（北京、上海、廣東、浙江、江蘇、山東為 1 其地區為 0）；企業行業啞變量；
	自然年份啞變量；員工數量；企業高管學歷啞變量（博士、碩士、本科、本科以下）。
組（二）	在組（一）基礎上增加企業存續時間；報表所披露的最早資產負債率；
	報表所披露的最早淨資產收益率；員工受高等教育人數占總員工比例。

表7.3(續)

配比變量選擇	
組（三）	在組（二）基礎上增加主承銷商是否屬於超級券商啞變量；最早披露股票帳面價值；最早披露的總資產；
	最早披露的主營業務收入。

控制變量選擇
企業總部所在地啞變量；主承銷商是否屬於超級券商啞變量；自然年份啞變量；企業存續時間；
董事長與總經理及其關聯人發行前持股份額；
風投持股時間；風投從業時間；
對數化發行前一年度主營業務收入；對數化新股發行量；發行前一年資產收益率；
發行前一年度每股盈余；發行價格；
每股發行費用（包含律師費與會計師審計費用）；二級市場首日換手率；二級市場中簽率。

利用表達式（7.6）估計出風險投資對處理組IPO抑價率的平均效應（ATT）時，結合以往文獻對三組配比變量配比后的樣本選取相同的控制變量，這些控制變量選擇如表7.3所示。表7.4的Panel A與Panel B分別報告了中小板與創業板基於傾向值配比方法估計得到的風險投資對IPO抑價率的ATT迴歸結果。無論是中小板還是創業板在三組配比變量下，利用三種不同配比方式估計得到的ATT在風險投資參股與非風險投資參股公司之間不存在顯著差異。因此否定了研究假說H1，即在本章的研究樣本範圍內，風險投資參股並不能影響公司在創業板與中小板IPO的抑價率。

該結論與以往國內文獻的研究結果，風險投資（或私募股權投資）參股的上市公司其IPO抑價率高於非風險投資（私募股權投資）參股的公司不同。究其原因，一是本章所選取的樣本數量642家遠大於以往國內文獻中所選取的樣本數量：張凌宇（2007）樣本數50家，李曜和張子煒（2011）樣本數153家，賈寧和李丹（2011）273家，在更大的樣本範圍下

得到與以往研究不同的結論。二是本章基於傾向值配比的方式對風險投資參股對 IPO 抑價率的影響進行估計，克服了 OLS 模型有可能存在的內生性選擇所導致的偏誤問題，因此得到和以往研究不同的結果。

對結論的解釋：第一，Sahlman（1990）指出風險投資最重要且最有效的監管機制是分期註資。並且風險投資註資的間隔時間越短意味著風險投資更加頻繁的監管所投資公司以及更加關注收集公司信息。Gompers（1995）的實證研究也指出，無形資產越多的公司面臨的不確定性越大，其風險投資註資間隔時間越短；同樣研發支出較多的公司，同樣面臨更大的委託代理問題，其風險投資註資間隔也會相應縮短。這些結論意味著風險投資在監督公司及收集投資公司信息上扮演著重要的角色。Gompers（1995）數據顯示，在 1961—1992 年之間，約有 15% 的風險投資進行了多輪分期註資，而本章的數據顯示，創業板為 1.9%，中小板為 3.8% 的風險投資對其參股公司進行了多輪註資。因此中國風險投資對參股公司的監管和信息收集職能大大低於國外成熟市場。

第二，創業板、中小板推出之前，股權轉讓是風險投資最主要的投資退出方式（錢蘋和張幃，2007）。2005 年之前中國滬深股市對上市公司的股本總額、發起人認購的股本數量、公司經營業績、無形資產比例等都有較高要求，並且主板審批週期較長，審批難度較大，導致通過 IPO 上市這種公認的風險投資最優退出方式的渠道不暢通。隨著中小板及創業板的推出，中小公司、創新公司上市難度大幅降低，上市速度也大幅提升。對於風險投資來說，相對於之前以股權轉讓為主的退出方式所獲得的較低資本回報率，目前通過公司 IPO 退出能給其帶來較高的投資回報率。本章研究樣本中通過 IPO 上市退出的風險投資年投資回報率均值高達 108.92%，遠遠高於之前國內文獻所得到的 22.45%。本章認為風險投資的主要目標是尋找具有上市機會的「準上市公司」，通過對其股權投資賺取高額的 IPO 退出收益。基於以上兩點分析，本章的實證結果否定了研究假設 H1，擁有

風險投資的上市公司其 IPO 定價效率應與風險投資的公司並無顯著差異。

表 7.4　　　　　　　　風險投資對 IPO 抑價率 ATT 迴歸結果

Panel A：中小板					
(1) 配比變量為：公司總部所在地、公司所在行業、自然年份虛擬變量、員工數量、員工學歷與高管學歷					
配比方法	有風投參股企業	無風參股企業	ATT	標準差	t 統計量
層級配比	156	199	-0.87	3.94	-0.22
核心配比	156	195	1.99	4.3	-0.46
半徑配比	105	111	4.64	8.21	-0.57
(2) 在第一組的基礎上加入企業年齡、公司所披露的最早的資產負債率與淨資產收益率（ROE）					
配比方法	有風投參股企業	無風參股企業	ATT	標準差	t 統計量
層級配比	155	200	0.37	4.48	0.075
核心配比	156	197	-0.823	4.26	-0.19
半徑配比	96	121	-3.37	8.42	-0.4
(3) 在第二組的基礎上加入承銷商是否屬於超級券商的啞變量。股票帳面價值、對數化最早公布的主營業務收入、對數化最早公布總資產					
配比方法	有風投參股企業	無風參股企業	ATT	標準差	t 統計量
層級配比	155	200	-1.375	4.41	-0.31
核心配比	156	199	-2.6	4.42	-0.59
半徑配比	89	104	-0.66	8.36	-0.08
Panel B：創業板					
第一組配比變量					
配比方法	有風投參股企業	無風參股企業	ATT	標準差	t 統計量
層級配比	151	136	1.097	4.82	0.23
核心配比	159	127	2.35	4.65	0.51
半徑配比	76	68	5.95	7.97	0.75
第二組配比變量					

表7.4(續)

配比方法	有風投參股企業	無風參股企業	ATT	標準差	t統計量
層級配比	159	128	2.16	4.82	0.45
核心配比	159	127	1.92	4.61	0.42
半徑配比	70	66	-3.18	10.32	-0.31
第三組配比變量					
配比方法	有風投參股企業	無風參股企業	ATT	標準差	t統計量
層級配比	159	128	2.4	7.25	0.33
核心配比	159	125	4.67	6.1	0.77
半徑配比	55	50	5.74	8.64	0.66

註：表中標準差採用bootstrap，重複200次計算得出，半徑配比時選擇半徑範圍為0.001，三組P（X）配比均通過了balance properties。

7.4.3 穩健性檢驗

　　以往文獻指出中國新股高抑價率產生的原因主要歸咎於二級市場炒作（劉煜輝和沈可挺，2011），因此本章採用兩個與二級市場「炒新」相對無關的替代解釋變量進行穩健性檢驗：一是機構投資者詢價階段的報價區間的離散程度；二是報價區間與承銷商在《投資價值報告》中給出的估值區間的比值。基於信息不對稱理論推導出的研究假設H1認為，如果風險投資能夠揭示公司內部信息，起到認證作用，那麼擁有風險投資參股的公司在發行過程中的詢價階段，參與詢價的機構投資的報價區間離散程度應該比沒有風險投資參股的公司更小。同時本章使用機構投資的報價區間與《發行人投資價值研究報告》中主承銷商出具的股票估值區間的比值作為另一個替代解釋變量，衡量機構投資者對該股票的信息認知程度[①]。

[①] 創業板從300143開始披露詳細網下機構投資者報價區間，中小板從002507開始披露詳細網下機構投資者報價區間。故穩健性檢驗中樣本數量為298家上市公司。

（1）機構投資者詢價階段的報價區間離散程度定義為：機構投資所給出報價的標準差；

（2）機構投資報價區間與估值區間比值定義為：

（機構投資者最高報價-機構投資者最低報價）／（估值區間上限-估值區間下限）

配比變量仍採用表 7.3 中的表三組變量，在進行 ATT 估計時，控制變量選擇包括：上市公司總部是否來自占比排名前五的地區啞變量、主承銷商是否屬於超級券商啞變量、主承銷商是否屬於主要券商啞變量、自然年份虛擬變量、公司年齡、風險投資機構持股時間、風險投資機構從業時間、董事長與總經理及其關聯人發行前持股份額、對數化主營業務收入、發行前一年資產負債率、發行前一年淨資產收益率、發行前一年每股盈余，和之前相比剔除了換手率等二級市場影響因素的控制變量。

表 7.5　　　　　　　基於機構投資報價的穩健性檢驗

| \multicolumn{6}{c}{Panel A：報價區間離散程度} |
配比方法	匹配后有風險投資參股公司數	匹配后無風險投資參股公司數	ATT	標準差	t 統計量
層級配比	75	70	0.59	2.45	0.24
核心配比	75	65	0.53	2.47	0.22
半徑配比	11	7	-2.83	7.5	-0.38
報價區間與估值區間比					
配比方法	匹配后有風險投資參股公司數	匹配后無風險投資參股公司數	ATT	標準差	t 統計量
層級配比	75	70	0.11	0.51	0.2
核心配比	75	65	-0.08	0.72	-0.11
半徑配比	11	7	-0.09	1	-0.09
\multicolumn{6}{c}{Panel B：報價區間離散程度}
配比方法	匹配后有風險投資參股公司數	匹配后無風險投資參股公司數	ATT	標準差	t 統計量

表7.5(續)

層級配比	78	68	1.983	1.98	0.62
核心配比	78	67	1.48	1.69	0.88
半徑配比	12	16	0.007	7.99	0.001
報價區間與估值區間比					
配比方法	匹配后有風險投資參股公司數	匹配后無風險投資參股公司數	ATT	標準差	t統計量
層級配比	78	69	0.3	0.35	0.85
核心配比	78	67	0.34	0.39	0.87
半徑配比	12	16	1.32	1	1.32

註：表中標準差採用bootstrap，重複200次計算得出，半徑配比時選擇半徑範圍為0.001。

通過表7.5的估計結果，發現本章即使剔除了二級市場「火熱」發行因素的影響，僅從相對於中小投資而言更具信息優勢的、更為理性的機構投資在詢價階段的報價區間離散程度角度來考察研究假設H1，其結果仍然是拒絕H1。風險投資對公司IPO上市並不能起到信息認證作用，無論是報價區間離散程度還是報價區間與估值區間的比值，是否擁有風險投資並不對信息離散程度產生顯著影響。

7.4.4　研究假設H2和H3的實證結果

本章對研究假設H2的驗證，選取風險投資參股的公司作為子樣本，從風險投資聲譽及風險投資資金來源兩個方面進行考察。根據Gompers（1996）的檢驗方法，將風險投資分為「有聲譽」和「無聲譽」兩類。評判風險投資是否具有聲望的標準為：如果該風險投資機構入選清科集團的《私募股權基金2010年排名》中風險投資機構50強或私募股權投資機構30強，則認定其具有聲望，反之則無聲望。在檢驗研究假設H2時，仍然採用傾向值配比的方式估計風險投資聲望對IPO抑價率的影響。配比變量和估計ATT效應時的控制變量與驗證H1的變量相同。表7.6報告了子樣本下，風險投資聲望對IPO抑價率的ATT影響，具有聲望與不具有聲望兩

組樣本的均值 T 檢驗。

如表 7.6 所示，利用配比后的樣本估計出風險投資機構是否具有聲望對 IPO 抑價率的 ATT 效應並不存在顯著差異。而在兩類樣本的均值 T 檢驗中，發現有聲望的風險投資更傾向於參股員工學歷較高、資產負債率較低的公司，且有聲望的風險投資持股年限更短。但是正如前文所述，風險投資對被投資公司的選擇與被投資公司對風險投資的選擇存在內生性問題，我們無法區分以下兩類事實：一是有聲望的風險投資更傾向選擇員工學歷層次高、資產負債率低的公司；二是具有這類性質的公司在面臨多家風險投資機構有意參股時，選擇了聲望更高的風險投資機構。通過 ATT 估計結果得出的結論是，風險投資有無聲望對公司 IPO 抑價率並不產生實質影響。因此，研究拒絕了研究假設 H2，在子樣本範圍內無法接受「逐名」假設，有聲望風險投資所支持的公司其 IPO 抑價率與無聲望的風險投資所支持的公司沒有顯著差異。

表 7.6　　　　　不同風險投資聲譽對公司 IPO
抑價率的 ATT 迴歸結果與均值檢驗

Panel A：風投聲望與 IPO 抑價率 ATT 迴歸結果					
中小板					
配比方法	有聲望風投參股企業數	無聲望風投參股企業數	ATT	標準差	t 統計量
層級配比	47	90	2.33	7.37	0.32
核心配比	11	56	-0.16	12.59	-0.01
半徑配比	6	6	-4.05	14.95	-0.27
創業板					
配比方法	有聲望風投參股企業數	無聲望風投參股企業數	ATT	標準差	t 統計量
層級配比	93	64	-3.11	7.3	-0.43
核心配比	94	63	-1.78	6.54	-0.27
半徑配比	10	11	-4.59	25.88	-0.18

Panel B：風投有、無聲望參股企業特性均值檢驗							
中小板							
創投類型	員工高等教育比例	創投持股時間	公司年齡	最早披露的資產負債率	最早公布的淨資產收益率	員工人數	主承銷商聲譽
	（%）	（月）	（月）	（%）	（%）		
無聲望	14.21	74.14	126.79	59.06	31.14	1,564.85	3,447.21
有聲望	20.87	71.05	138.2	55.63	34.06	1,337.36	3,636.17
T值	−2.4**	1.19	−1.59	1.46	−0.88	1.05	−0.5
創業板							
無聲望	29.44	36.08	129.89	53.75	32.22	561.6	2,958.7
有聲望	34.78	28.82	123.13	49.17	33.75	686.35	3,470.9
T值	−1.42	1.66	0.91	1.78*	−0.53	−1.35	−1.6

註1：表中標準差採用bootstrap，重複200次計算得出，半徑配比時選擇半徑範圍為0.001。

註2：*、**、***分別表示在10%、5%和1%的水平下顯著。

通過分析鎖定期結束后上市公司股票成交量及股價的變化，間接檢驗風險投資機構行為及后果，利用事件研究法（events study）對假設H3進行檢驗。股票IPO后一年內將經歷兩次鎖定期結束事件：第一次為3個月鎖定期，即IPO時網下申購的機構投資者申購的股票在3個月后解除禁售；第二次為12個月鎖定期，即絕大部分風險投資和部分股東在IPO一年后解除持有股票禁售規定。假設T=0為機構投資者鎖定期結束日，T=−25至T=−6共20個交易日的平均交易量為鎖定期前基準交易量。將T=−5至T=−1排除在基準交易日之外的原因在於，隨著鎖定期到期日的臨近可能影響各方投資者的投資決策。將T=−5至T=24定義為事件分析窗口，按照Fiefld and Hanka（2001）的研究方法，定義異常成交量如下：

$$AV_{iT} = \frac{V_{iT}}{\frac{1}{20}\sum_{t=-25}^{t=-6}V_{it}} - 1 \quad CAV_{iT} = \frac{1}{N}\sum_{i=1}^{N}AV_{it} \quad (7.7)$$

其中 V_{it} 為股票 i 在第 T 日的成交量，AV_{it} 為 i 在第 T 日的異常成交量，CAV_{iT} 為 i 在第 T 日的累計平均異常交易量。

同時為了檢驗鎖定期結束后供給增加是否會對股票價格產生衝擊，且該衝擊是否會長期持續，利用累計平均超額收益率（CAR）為鎖定期效應的衡量指標。估算超額收益率的方法主要包括均值調整模型、市場調整模型和市場模型三種。陳漢文等（2002）研究表明，市場模型有更容易拒絕原假設的傾向，而鎖定期到期信息在鎖定期較早時已被投資者獲悉，不排除某些股東提前拉升股價以利於拋售的可能性，均值調整模型可能會出現較大誤差，故本章選用市場模型估算超額收益率。記 $AR_{i,t}$ 為第 i 個樣本第 t 日的超額收益率，基於市場模型 $AR_{i,t}$ 表述為：

$$AR_{i,t} = r_{i,t} - r_{M,t}$$

其中，$r_{i,t}$ 為個股 t 日收益率，$r_{M,t}$ 為市場收益率。n 個樣本第 t 日的平均超額收益率（AAR）計算公式為：

$$AAR_t = \frac{1}{n} \sum_{i=1}^{n} AR_{i,t}$$

窗口期累積平均超額收益率計算公式為：

$$CAR_{t_1, t_2} = \sum_{t=t_1}^{t_2} AAR_{i,t} \qquad (7.8)$$

在研究假設 H1 和 H2 樣本的基礎上，為了滿足研究假設 H3 的檢驗，對樣本進行了剔除與處理：(1) 事件日前后觀察期內長時間停牌（連續超過 5 天）；(2) 事件日前后觀察期內實施資本公積轉增股本等行為的股票；(3) 將風險投資鎖定期超過 12 個月的股票視為無風險投資參股（在窗口期無法拋售其持有股票）。

圖 7.1 直觀描繪了中小板、創業板在 3 個月鎖定期及 12 個月鎖定期結束前 5 日至結束后 24 日逐日異常成交量。圖 7.2 直觀描述了窗口期逐日異常成交量顯著性檢驗圖。通過對比可以看出擁有風險投資的上市公司在 3 個月鎖定期及 12 個月鎖定期結束后逐日異常成交量高於無風險投資的公

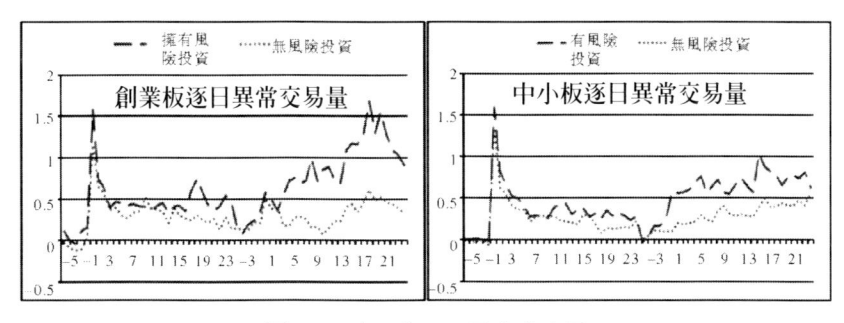

圖 7.1 窗口期逐日異常成交量

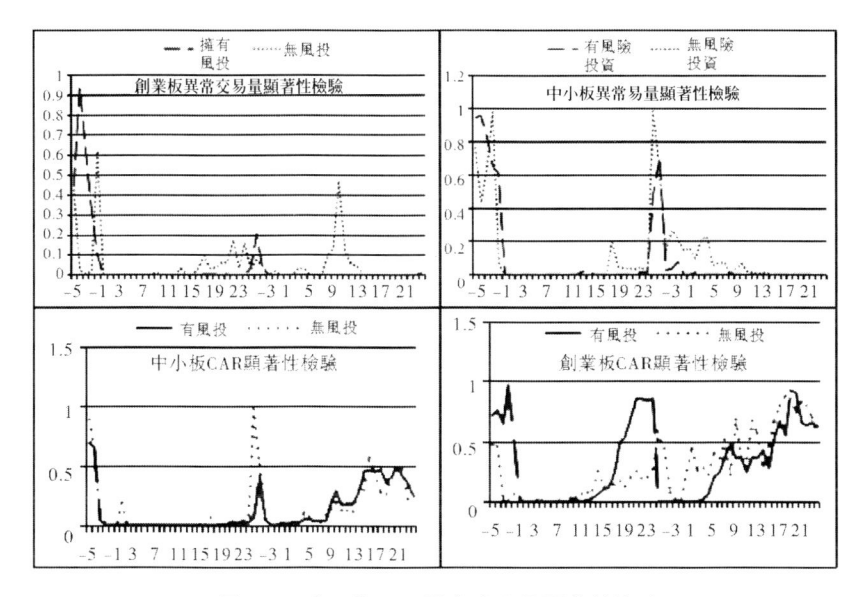

圖 7.2 窗口期逐日異常成交量顯著性檢驗

司，並且二者的差異在 12 個月鎖定期后更為顯著。與此同時，12 個月鎖定期結束對上市公司股票交易量的衝擊顯著異於 3 個月鎖定期結束的情形。3 個月鎖定期結束當日出現異常交易量短暫放大，T+3 日后逐步回落至 50%以下，而 12 個月鎖定期結束當日並未出現窗口期異常交易量峰值，異常交易量呈現逐步震盪攀升的趨勢。

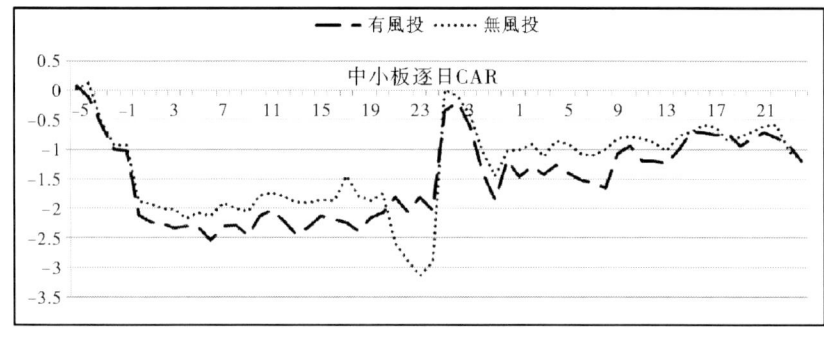

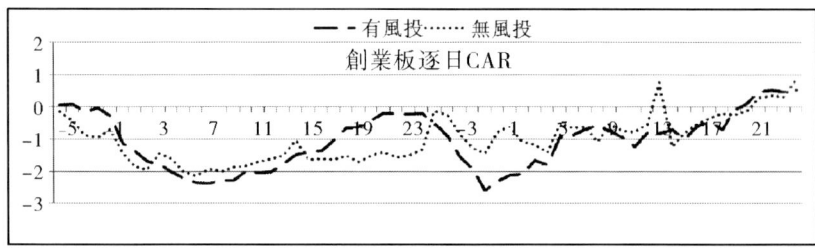

圖 7.3　窗口期逐日 CAR

圖 7.3 直觀顯示了兩次鎖定期結束日前后中小板和創業板上市公司逐日異常收益率。可以看出，兩次鎖定期結束對各板塊股票均帶來負衝擊，窗口期內擁有風險投資與無風險投資的股票均呈現逐日異常收益率顯著為負。為了進一步分析第二個窗口期內，是否擁有風險投資等因素影響異常收益率，本章採用多元迴歸的方式進行檢驗。

本章以樣本公司的第二次鎖定期結束累計平均超額收益率（CAR）為被解釋變量，以是否擁有風險投資、風險投資占總股本比例、風險投資收益率、本次解禁股數占總股數比例、股價相對於發行價累計漲幅為解釋變量，以總股數、上市公司上年淨資產收益率、上市公司前兩年主營業務收入增長率、解禁當日市盈率、解禁前 30 個交易日所在板塊指數漲幅虛擬變量為控制變量。由此得出多元迴歸模型為：

$$CAR_i = \alpha + \beta_1 VC_i + \beta_2 VC_i \times VCshare_i + \beta_3 VC_i \times VC\,rp_i + \beta_4 ROS_i + \beta_5 rp_i \\ + \beta_6 size_i + \beta_7 lastroe_i + \beta_8 Rgr_i + \beta_9 PE_i + \beta_{10} \text{last30d}_i + \varepsilon_i$$

(7.9)

其中 CAR_i 選擇 T-5 至 T+4、T-5 至 T+14、T-5 至 T+24 三組累計異常收益率。VC_i 為是否擁有風險投資虛擬變量、$VCshare_i$ 是風險投資占總股本比重、$VCrp_i$ 是風險投資參股成本至解禁當日收益率、ROS_i 解禁股票占總股本比例、rp_i 解禁當日相對於發行價的累計漲幅；$size_i$ 總股本規模、$lastroe_i$ 上年年度淨資產收益率、Rgr_i 上兩年的主營業務收入增長率。

在總體樣本迴歸中，虛擬變量 VC 在創業板 CAR1、在中小板 CAR1 和 CAR2 迴歸中系數符號為負，且估計系數在 10%水平上顯著。ROS 和虛擬變量 last30d 的迴歸系數與經濟含義相符合，且估計系數具有統計意義的顯著性。值得注意的是對於創業板而言，代表市場行情的虛擬變量 last30d 在 CAR2 和 CAR3 迴歸中顯著為正，而 VC 變量在 CAR2 和 CAR3 迴歸中則不顯著，說明對於創業板而言鎖定期結束后，風險投資拋售效應影響時限較為短暫，隨後對 CAR 起主導作用的因素依然是整個板塊市場行情的趨勢。而對於中小板而言，市場趨勢的影響集中體現在 CAR1，在 CAR2 和 CAR3 迴歸中並不顯著。

僅包含擁有風險投資企業的子樣本迴歸中，風險投資累計收益率 VCrp 估計系數在創業板三個迴歸中 10%的顯著水平下且為負，在中小板 CAR1 迴歸中為負且在 10%的水平下顯著。這表明某只股票的風險投資累計收益率越大，在鎖定期結束后對該股票的異常收益率（CAR）的負向衝擊越大，這與經濟含義相符，考慮到 IPO 作為風險投資機構推出的重要途徑，以及風險投資自身面臨的諸多約束條件，累計獲利越多的風險投資機構，在鎖定期結束更急於拋售持有的股票，對其持有股票的累計異常收益帶來更大的負向衝擊。同時虛擬變量 last30d 在迴歸中的符號也符合經濟含義。

通過圖 7.1、圖 7.2 及多元迴歸結果表 7.7，可以得出：（1）擁有風險投資參股的股票在 12 個月鎖定期結束后，逐日異常成交量顯著高於無風險投資的股票。（2）對於創業板而言擁有風險投資的股票在 T-5 至 T+4 期間的 CAR 顯著低於無風險投資的股票，對於中小板而言擁有風險投資的股票在 T-5 到 T+4、T-5 到 T+14 期間的 CAR 顯著低於無風險投資的股票。

（3）對於僅包含風險投資的子樣本而言，風險投資的累計收益率越高，對鎖定期結束后股票的 CAR 負向衝擊也越大。通過以上三個結論驗證了本章提出的研究假設 3，即持股鎖定期結束時，擁有風險投資的股票拋售效應更強，具有更高的異常成交量以及更低的累計異常收益率。

表 7.7　　　　　　　　　　多元迴歸結果

總體樣本迴歸	創業板			中小板		
	CAR1	CAR2	CAR3	CAR1	CAR2	CAR3
虛擬變量（VC）	-0.370* (-1.73)	-0.079,5 (-0.67)	0.242 (0.24)	-1.557* (1.90)	-1.056* (1.71)	-.712 (-0.51)
股價相對於發行價累計漲幅（rp）	-.004,939 (-0.18)	-0.017,5 (-0.68)	-0.016 (-0.6)	0.459 (0.55)	0.016* (1.75)	-.0,024 (-0.47)
解禁股票占總股本比例（ROS）	-.0,824 (-1.60)	-.1,033* (-1.74)	-0.118,7* (-1.81)	-0.083,9*** (-2.65)	-.108*** (-2.76)	-.0,880* (-1.91)
虛擬變量（last30d）	1.636,533 (1.47)	2.679* (1.89)	6.563*** (3.6)	2.839*** (3.02)	0.876 (0.67)	0.466 (1.32)
截距項	7.201,117 (0.62)	-2.813 (-0.19)	25.384,54 (1.39)	-5.89 (-0.75)	-1.822 (-0.19)	0.72)
其他控制變量	…	…	…	…	…	…
N	204	186	172	316	299	293
R-squard	0.23	0.289	0.247	0.287	0.363	0.362
子樣本迴歸，僅包含擁有風投的企業	CAR1	CAR2	CAR3	CAR1	CAR2	CAR3
風險投資累計收益率（VCrp）	-0.002,15** (-2.30)	-0.001,82* (1.77)	-0.002,89* (1.88)	-0.000,58* (-1.69)	-0.000,81 (-1.45)	0.000,55 (0.79)
解禁股票占總股本比例（ROS）	-.149 (-1.55)	-.2,153* (-1.89)	-.147* (-1.72)	-.0,720 (-1.23)	-.065 (-0.77)	-.147* (-1.73)
風險投資所占比例（vcshare）	0.132,2 (1.03)	0.065,1 (0.45)	0.070 (0.55)	-0.063 (-0.91)	-.0,422 (-0.42)	-.0,395 (-0.35)
虛擬變量（last30d）	2.016 (1.05)	6.593*** (2.94)	4.841** (1.94)	2.719* (1.68)	4.242** (1.82)	4.522,4** (1.95)
股價相對於發行價累計漲幅（rp）	-.00,875 (-0.19)	0.066 (1.50)	0.023 (0.41)	-.0,443* (-1.84)	-0.044,3 (-1.31)	0.023 (0.41)
截距項	11.609 (0.56)	-5.464 (-0.21)	-1.571 (-0.08)	-4.7 (-0.41)	-8.734 (-0.64)	-0.045,5 (0)
其他控制變量	…	…	…	…	…	…
N	70	66	63	119	110	109
R-squard	0.238,8	0.267	0.373	0.232	0.296	0.242

註：*、**、***分別表示在 10%、5%和 1%的水平下顯著。

7.5　本章小結

本章以 2009 年 10 月 31 日至 2012 年 2 月 28 日之間創業板與中小板上市的 642 家上市公司為樣本，研究了風險投資、股權投資對公司新股發行定價效率的影響。考慮到風險投資與公司間存在增值效應與排序效應，導致二者間存在內生性選擇（endogenous choice）問題，本章利用傾向值配比（propensity score matching）的估計方式對研究假設進行檢驗。通過實證研究得出以下結論：①風險投資支持的公司與無風險投資支持的公司在 IPO 抑價率上沒有顯著差異，在新股發行詢價階段、機構投資者的報價區間離散程度以及報價區間與估值區間的比值上，也不存在顯著差異。②在有風險投資支持的子樣本中，具有聲望的風險投資參股的公司與無聲望的風險投資參股公司在 IPO 抑價率上不存在顯著差異。③持股鎖定期結束時，擁有風險投資的股票拋售效應更強，具有更高的異常成交量以及更低的累計異常收益率，且風險投資機構的投資累計收益率與累計異常收益率負相關。

本章的研究彌補了現有文獻的不足，具有重要的理論與現實意義。一方面，加深了我們對金融創新與產業創新相結合的風險投資如何影響公司 IPO 定價效率的理解；另一方面，本章的研究揭示了中國目前風險投資市場的現狀，中國風險投資既不能對公司內部信息起到「認證」作用，也沒有出現歐美發達國家風險投資普遍存在的「逐名」現象，其背後的根本原因是相對於國外成熟市場，中國風險投資持股年限較短，多數風險投資在公司成熟期才介入，對公司的營運管理、技術服務等所提供的增值服務非常有限。並且中小板與創業板的推出，不僅拓寬了風險投資的退出渠道，也大幅度提高了風險投資機構的投資回報率。風險投資機構在面臨建立長

期聲望與短期獲利的權衡（trade-off）時，更看重對「準上市公司」的投資期望在短期內獲得更大的投資回報，因此有聲望與無聲望的風險投資機構在追逐「準上市公司」股權投資行為上出現了一定程度的趨同。因此，對於監管部門而言，應進一步完善風險投資相關法律制度，對風險投資的投資融資行為進行更為透明的信息披露，使得風險投資機構內部的激勵約束機制與其投資公司的長期利益更加一致，引導風險投資市場走上健康有序的發展道路。

8　研究結論與未來研究展望

本書研究了中國新股發行詢價制階段，IPO定價效率及其影響因素相關問題。首先簡要回顧和介紹了中國新股發行制度歷經的三個歷史階段以及詢價制下新股發行的主要流程，梳理了與本書研究相關的文獻，分別從分配機制改革、詢價對象報價行為、風險投資參股與鎖定期退出、投資者異質信念與新股長期表現四個角度實證研究了詢價制下新股定價及發行相關問題。本章對全文內容進行總結，指出本書的局限性，並對未來研究做出展望。

8.1　本書主要研究結論

隨著中國國民經濟的高速發展，各項政治、經濟制度改革的不斷深入，證券市場在中國金融體系中扮演著越來越重要的角色。中國證券市場從創立至今只有短短的20餘年，而新股發行制度卻在短短20餘年間經歷了行政色彩濃厚的審批制，證監會發審委審核的核准制以及目前採取的市場作為配置資源主導的詢價制三個階段，期間大小改革多達9次。本書結合中國現階段新股詢價發行機制的實際情況，對詢價制下兩次重要改革如何影響IPO定價效率，作為新興經濟發動機的風險投資機構在新股定價中扮演何種角色，以及IPO股票在詢價制下長期表現及影響因素進行了系統的理論和實證研究，主要研究結論如下：

（1）本書實證檢驗了 2010 年 11 月 1 日實施分配機制改革對 IPO 定價效率的影響。使用 2009 年 10 月 30 日——2011 年 7 月 19 日上市公司數據，通過發掘一個政策變化導致的自然實驗，利用雙重差分模型對創業板、中小板分配機制改變后的政策淨效應作出了估計。研究結果表明詢價制下的分配機制改革導致了中小板 IPO 抑價率的降低，對提升中小板 IPO 定價效率起到了顯著的提升作用；相對於改革前，改革後的 IPO 抑價率下降了 18%。但此次改革並未對創業板定價效率產生實質影響，決定創業板定價效率的主要因素仍是二級市場非理性投機。對於證券監管部門來說，如果要有效提升 IPO 定價效率，可以考慮在適當的時候賦予承銷商更多的新股分配權。目前中國新股詢價發行中，參與詢價的投資者能否獲得股票分配以及所獲分配數量均取決於其在累計投標或詢價階段中所出的報價和申購數量，而承銷商面對超額申購只能採取「按比例配售」或「抽簽配售」的規則進行分配，並不具有實際意義的自由分配股票的權力。而詢價機制的諸多優點正是基於承銷商擁有對新股的自由分配權，因此監管當局可以在時機適當的時候通過試點的方式賦予主承銷商一定程度的新股分配權，從而進一步實現提高 IPO 定價效率的改革目標。

（2）本書取用 2010 年 11 月至 2012 年 10 月 A 股 463 家 IPO 公司為樣本，基於對詢價對象網下報價特徵的分析，檢驗了參與新股詢價申購過程中詢價對象的報價行為特徵，並檢驗了信息優勢的詢價對象報價特徵與網下超額申購倍數的關係，以及 2012 年 5 月發行制度改革對詢價對象報價行為的影響。研究結果表明，以參與新股詢價多寡為標準劃分詢價對象信息優劣，信息優勢的詢價對象與信息劣勢詢價對象報價均值之差與網下超額申購倍數成正比。利用中國 A 股詢價對象報價，支持了 Rock（1986）「贏者詛咒」理論。2012 年 5 月新股發行制度改革，顯著降低了詢價對象最高報價與投資價值均值之比，顯著提高了詢價對象報價均值與投資價值均值之比。

（3）本書取用 2006 年 6 月至 2012 年 11 月中小板 647 家 IPO 公司為研究樣本，使用隨機前沿分析模型對新股發行一級市場定價效率作出了實證檢驗。實證結果表明，對全體樣本而言，中國詢價制下新股一級市場存在人為壓低發行價格的現象，新股發行價格低於隨機前沿邊界；詢價制下三次發行制度改革對新股一級市場定價有顯著影響。2009 年 6 月第一次改革前以及 2012 年 5 月第三次改革后，由於證監會對新股價格進行了「窗口指導」，導致一級市場存在故意壓價現象，新股一級市場定價不是完全有效的。使用「考慮現金紅利再投資的日市場回報率（總市值加權平均法）」計算得到的深圳 A 綜合市場 30 個交易日累計回報率，將樣本分為牛市與熊市兩個子樣本，使用隨機前沿模型對兩個子樣本一級市場定價效率進行估計，估計結果表明：熊市中一級市場定價顯著偏離隨機前沿模型估計的價格上限，發行人或承銷商在熊市中可能存在壓低新股發行價格以保證發行順利進行的現象。二級市場低迷狀況導致首日收盤價偏低是導致新股破發的主要原因。

（4）本書以 2009 年 10 月 31 日至 2012 年 2 月 28 日之間創業板與中小板上市的 642 家上市公司為樣本，研究了風險投資股權投資對公司新股發行定價效率的影響。考慮到風險投資與公司間存在增值效應與排序效應導致的二者間存在內生性選擇問題，本書利用傾向值配比的估計方式對研究假設進行檢驗。通過實證研究得出以下結論：風險投資支持的公司與無風險投資支持的公司在 IPO 抑價率上沒有顯著差異，在新股發行詢價階段機構投資者的報價區間離散程度以及報價區間與估值區間的比值上，也不存在顯著差異。在有風險投資支持的子樣本中，具有聲望的風險投資參股的公司與無聲望的風險投資參股公司在 IPO 抑價率上不存在顯著差異。持股鎖定期結束時，擁有風險投資的股票拋售效應更強，具有更高的異常成交量以及更低的累計異常收益率，且風險投資機構的投資累計收益率與累計異常收益率負相關。

8.2　未來研究展望

本書的研究只是對詢價制下 IPO 定價效率相關問題做了一些嘗試性的探索工作，該領域仍然存在許多值得完善和繼續研究的地方：

（1）對發行制度改革的評價往往採用相對宏觀的 IPO 抑價率等指標，能否使用更為具體的微觀數據，如首日開盤后的高頻數據更深入地刻畫首日發行后二級市場的反應程度。能否利用現有公開的詢價數據，打開 IPO 詢價過程中的黑匣子，使用一級市場數據實證檢驗 IPO 定價理論。利用現用公開詢價數據，構建承銷商在 IPO 定價分配過程中的網路效應。利用詢價數據對機構投資者行為進行深刻描述，如能否得到詢價機構是否存在合謀更為直接的實證結論？機構投資者與承銷商之間如何平衡短期利益與長期利益？機構投資者在一級市場的報價行為傳遞出的信息能否對二級市場散戶投資者產生影響？

（2）對於新推出的創業板，能否更多的使用行為金融理論對其定價效率作出解釋？隨著允許散戶參與一級市場詢價，二級市場狂熱能否反向傳遞給更為理性的機構投資者？2012 年新股發行政策提高了網下機構投資者配售比例，同時也明確了回撥機制。回撥機制的建立是否會對一級市場投資者行為產生影響？

（3）關於風險投資的相關研究，希望未來能夠使用更為廣泛的數據，對風險投資偏好、投資資產組合以及整體收益情況進行進一步的研究。目前的研究僅僅是從那些已經隨著公司上市成功退出的風險投資，而現實情況是絕大多數的風險投資項目可能無法順利通過 IPO 方式退出，對其他退出方式的研究可能是今後關注的焦點。其次，隨著中國風險投資行業近年來快速發展，需要思考的是哪些因素將促進國內風險投資繁榮發展。風險

投資的繁榮發展又將對整個實體經濟產生何種促進作用？

　　（4）2013年12月13日實施的最新的《證券發行與承銷管理辦法》及配套的《關於進一步推進新股發行體制改革的意見》較之前的規定相比存在五點重大改革：一是存量發行。發行數目不滿足《公司法》要求時，持股滿三年的老股需要向投資者轉讓，但老股轉讓后，實際控制人不得發生轉變。二是新股通過發審會后的12個月內，新股發行具體時點由發行人自主選擇。意味著發行人可以自主進行上市時機選擇。三是承銷商自主配售機制，並且證監會要求公開配售原則以及最終配售比例。四是新股配售繼續向網下機構投資者傾向；股本4億以下的，網下配售比例為60%；4億以上的，網下配售比例為70%，同時要求網下配售股份的40%配售給公募基金和社保基金。五是網下投資者報價后，承銷商剔除申購總量中報價最高的部分，且剔除部分不得低於申購總量的10%，然后根據剩余報價及申購情況協商確定發行價格。這些重大改革將如何影響未來中國IPO定價效率，有待進一步的數據進行研究檢驗。

參考文獻

[1] Allen F, Faulhaber G R. Signaling by Underpricing the IPO Market [J]. Journal of Financial Economics, 1989, 23 (2): 303-323.

[2] Aggarwal R, Rivoli P. Fads in the Initial Public Offering Market? [J]. Financial Management, 1990, 19 (4): 45-57.

[3] Aggarwal R. Stabilization Activities by underwriters after initial public offerings [J]. Journal of Finance, 2000, 55 (3): 1075-1103.

[4] Aggarwal R, Prabhala, N R, Puri, M., Institutional allocation in initial public offerings: Empirical evidence [J]. Journal of Finance 2002, 57 (3): 1421-1442.

[5] Akerlof G. The market for「Lemons」: Quality uncertainty and the market mechanism [J]. Quarterly Journal of Economics 1970, 84 (3): 488-500.

[6] Amihud Y, Hauser S, Kirsh A. Allocations, Adverse Selection and Cascades in Ipos: Evidence from Israel [J]. Social Science Electronic Publishing, 2001, 68 (1): 137-158.

[7] Arikawa Y, Imadeddine G. Venture capital affiliation with underwriters and the underpricing of initial public offerings in Japan [J]. Journal of Economics and Business, 2012, 62 (6): 502-516.

[8] Asquith D, Jones J D, Kieschnick R. Evidence on price stabilization and underpricing inearly IPO returns [J]. Journal of Finance, 1998, 53 (4):

1759-1773.

[9] Baker M, Gompers P A. The determinants of board structure and function in entrepreneurial firms [J]. Journal of Law and Economics. 2004, 46 (2): 569-598.

[10] Brav A, Gompers P A. The role of lock-ups in initial public offerings [J]. Review of Financial Studies 2003, 16 (1): 1-29.

[11] Baron, David P. A model of the demand for investment banking advising and distribution services for new issues [J]. Journal of Finance, 1982, 37 (4): 955-976.

[12] Barry C B, Muscarella C J, Vetsuypens M R. The Role of Venture Capital in the Creation of Public Companies: Evidence from the Going-public Process [J], Journal of Financial Economics, 1990, 27 (2): 447-472.

[13] Barberis N, Shleifer A, Vishny R., A model of investor sentiment [J]. Journal of Financial Economics , 1998, 49: 307-343.

[14] Bayer O, Chemmanur T J Liu M H. A theory of security issuance and price impact under heterogenous beliefs [R]. Working paper, 2011.

[15] Beatty R P, Ritter J R. Investment banking, reputation, and the underpricing of initial public offerings [J]. Journal of Financial Economics, 1986, 15 (1-2): 213-232.

[16] Bennouri M, Falconieri S., Optimal auctions with asymmetrically informed bidders [J]. Economic Theory, 2006, 28 (3): 585-602.

[17] Benveniste L M, Spindt P A. How investment bankers determine the offerprice and allocation of new shares [J]. Journal of Financial Economics, 1989, 24 (2): 343-361.

[18] Benveniste L M, Wilhelm W J. A comparative analysisof IPO proceeds under alternative regulatory environments [J]. Journalof Financial Eco-

nomics, 1990, 28 (1-2): 173-207.

[19] Booth, J R, Chua L. Ownership dispersion, costly information and IPO underpricing [J]. Journal of Financial Economics 1996, 41 (2): 291-310.

[20] Brennan M J, and Franks J. Underpricing, ownership and control in initial public offerings of equity securities in the U K. [J]. Journal of Financial Economics, 1997, 45: 391-413.

[21] Brown S J, Warner J B. Use of daily stock returns: The case of event studies [J]. Journal of Financial Economics, 1985, 14: 3-31.

[22] Busaba W Y, Benveniste L M. and R. -J. Guo. The Option to Withdraw IPOs During the Premarket [J]. Journal of Financial Economics, 2001, 60: 73-102.

[23] Casamatta C. Financing and Advising: Optimal Financial Contracts with Venture Capitalists [J]. The Journal of Finance, 2003, 58 (5): 2059-2086.

[24] Chambers D, Dimson E. IPO underpricing over the very long run [J]. The Journal of Finance, 2009, 64 (3): 1407-1443.

[25] Chemmanur T J. The Pricing of Initial Public Offerings: A Dynamic Model with Information Production [J]. Journal of Finance, 1993, 48: 285-304.

[26] Chemmanur T J, Fulghieri P. Investment Bank Reputation, Information Production, and Financial Intermediation [J]. Journal of Finance, 1994, 49 (1): 57-79.

[27] Chemmanur T J, Hu G, Huang J. The role of institutional investors in initial publicofferings [J]. The Review of Financial Studies, 2010, 23 (12): 4496-4540.

[28] Chen A, Chen C H, Wu C S, The Underpricing and Excess Returns of Initial Public Offerings in Taiwan Based on Noisy Trading: A Stochastic Frontier Model [J]. 2002, 18 (2): 139-159.

[29] Chan L K C, Hamso Y, Lakonishor J. Fundamentals and Stock Returns in Japan [J]. Journal of Finance, 1991, 46 (5): 1739-1764.

[30] Cook D O, Jarrell S L, Kieschnick R. Investor sentiment and IPO cycles [R]. Working paper, University of Texas at Dallas, 2003.

[31] Cook D O, Kieschnick R, Van Ness R A, On the marketing of IPOs, Journal of Financial Economics, 2006, 82 (1): 35-61.

[32] Cornelli F, Goldreich D. Bookbuilding and strategic allocation [J]. Journal of Finance, 1998, 56 (6): 2337-2369.

[33] Cornelli, Goldreich D. Bookbuilding: How informative is the order book ? [J]. Journal of Finance, 2003, 58 (4): 415-443.

[34] Cornelli F, D Goldreich, Ljungqvist A. Investor sentiment and Pre-IPO markets [J]. Journal of Finance, 2006, 61 (3): 1187-1216.

[35] Cornelli F, Yosha O S. Stage Financing and the Role of Convertible Securities [J]. Review of Economic Studies, 2003, 70 (1): 1-32.

[36] Davila A, Foster G, Gupta M. Venture capital financing and the growth of startup firms [J]. Journal of Business Venturing, 2003, 18: 689-708.

[37] Derrien F. IPO Pricing in 'Hot' Market Condition: Who Leaves Money on the Table? [J]. Journal of Finance, 2005 (60): 487-521.

[38] Derrien F, Kecskes A. The Initial Public Offerings of Listed Firms [J]. Journal of Finance, 2007, 62 (1): 447-479.

[39] Dorn D. Does sentiment drive the retail demand for IPOs? [R]. Working Paper, Columbia University (un-published), 2002.

[40] Drake P D, Vetsuypens M R. IPO underpricing and insurance against legal liability [J]. Financial Management, 1993 (22): 64-73.

[41] Ellis K, Michaely R., O'Hara, M. When the underwriter is the market maker: An examination of trading in the IPO after-market [J]. Journal of Finance, 2000, 55 (3): 1039-1074.

[42] Ellul A, Pagano M. IPO Underpricing and After-Market Liquidity [J]. Review of Financial Studies, 2006, 19 (2): 381-421.

[43] Elston J, Yang J. Venture Capital, Ownership Structure, Accounting Standards and IPO Underpricing: Evidence from Germany [J]. Journal of Economics and Business, 2010, 62 (6): 517-536.

[44] Francis W, Hasan I. Underpricing of Venture and Non Venture Capital IPOs: An Empirical Investigation [R]. Working Paper, University of South Florida and New York University, 2000.

[45] Feltham G, Ohlson J A. Valuation and Clean Surplus Accounting for Operating and Financial Activities [J]. Contemporary Accounting Research, 1995, 11 (2): 689-731.

[46] Fernando C S, Gatchev V A, Spindt P A. Wanna dance? How firms and underwriters choose each other [J]. Journal of Finance, 2005, 60 (5): 2437-2469.

[47] Field L C, Karpoff J M. Takeover defenses at IPO firms [J]. Journal of Finance, 2000, 57: 1857-1889.

[48] Field L C, Hanka G. The Expiration of IPO Share Lockups [J]. The Journal of Finance. 2002, 56 (2): 471-500.

[49] Gompers P. Grandstanding in the venture capital industry [J]. Journal of Financial Economics, 1996, 42 (1): 133-156.

[50] Grossman S J, Hart O D. T522akeover bids, the free-rider problem

and the theory of the corporation [J]. BellJournal of Economics, 1980, 11 (1): 42-64.

[51] Hanley K W, Wilhelm W J. Evidence on the strategic allocation of initial public offerings [J]. Journal of Financial Economics, 1995, 37 (94): 239-257.

[52] Hanley K. The underpricing of initial public offerings and the partial adjustment phenomenon [J]. Journal of Financial Economics, 1993, 34 (2): 231-250.

[53] Hanley K, Kumar A A., Seguin P J. Price stabilization in the market for new issues [J]. Journal of Financial Economics, 1993, 34 (2): 177-197.

[54] Heckman, J. Sample selection bias as a specification error [J]. Econometrica, 1979, 47 (1): 153-161.

[55] Hellmann T, Puri M. The interaction between product market and financing stragtegy: The role of venture capital [J]., Review of Financial Studies, 2000, 13 (4): 959-984.

[56] Hochberg I, Ljungqvist A, Lu Y. Networking as entry deterrence and the competitive supply of venture capital [R]. AFA 2007 Chicago Meeting Paper. Available at SSRN: http://ssm.com/abstract=891468, 2006.

[57] Hong H, Stein J C. A unified theory of under reaction, momentum trading, and overreaction in asset markets [J]. Journal of Finance, 1999, 54: 2143-2184.

[58] Houge T, Loughran T, Suchanek G, Yan X. Divergence of opinion, uncertainty, and the quality of initial public offerings [J]. Financial Management, 2001 (30): 5-23.

[59] Hunt-McCool J, Koh S C, and Francis B B. Testing for Deliberate

Underpricing in the IPO Premarket: A Stochastic Frontier Approach [J]. Review of Financial studies, 1996, 9 (4): 1251-1269.

[60] Ibbotson R G. Price performance of common stock new issues [J]. Journal of Financial Economics, 1975, 2 (3): 235-272.

[61] Ibbotson R G, Jaffe J F.「Hot issue」markets [J]. Journal of Finance, 1975, 30 (4): 027-1042.

[62] Jegadeesh N, Weinstein M, Welch I. An empirical investigation of IPO returns and subsequent equity offerings [J]. Journal of Financial Economics, 1993, 34 (2): 153-175.

[63] Jenkinson T J. Initial public offerings in the United Kingdom, the United States, and Japan [J]. Journal of the Japanese and International Economies, 1990, 4 (4): 428-449.

[64] Jenkinson T J, Jones H. Bids and allocations in European IPO bookbuilding [J]. Journal of Finance, 2004, 59 (5): 2013-2040.

[65] Jensen, M., Meckling, W., Theory of the firm: Managerial behavior, agency costs and ownership structure [J]. Journal of Financial Economics, 1976, 3: 306-360.

[66] Jensen M C. Agency cost of free cash flow, Corporate Finance, and Takeover [J]., The American Economic Review, 1986, 76 (2): 323-329.

[67] Johnson J M, Miller R E. Investment Banker Prestige and the Underpricing of Initial Public Offerings [J]. Financial Management, 1988, 17 (2): 19-29.

[68] Kanniainen V, Keuschnigg C. The optimal Portfolio of start-up firms in venture capital finance [J]. Journal of Corporate Finance 2003 (9): 521-534.

[69] Kahneman D, Riepe M W. Aspects of investor psychology [J].

Journal of Portfolio Management, 1998, 24 (4): 52-65.

[70] Kaplan S, Strömberg P. Characteristics, Contracts, and Actions: Evidence from Venture Capitalist Analyses [J]. 2004, 59 (5): 2177-2210.

[71] Keloharju M. The winner's curse, legal liability, and the long-run price performance of initial public offerings in Finland [J]. Journal of Financial Economics 1993, 34 (2): 251-277.

[72] Koh F, Walter T. A direct test of rock's model of the pricing of unseasoned issues [J]. Journal of Financial Economics, 1988, 23 (2): 251-272.

[73] Kothari S P, Warner J B. Measuring long-horizon security price performance [J]. Journal of Financial Economics, 1997, 43 (3): 301-339.

[74] Lee P J, Taylor S L, Walter T S. Australian IPO pricing in the short and long run [J]. Journal of Banking and Finance, 1996, 20 (17): 1189-1210.

[75] Lee P M, Wahal S. Grandstanding, certification, and the underpricing of venture capital backed IPOs [J]. Journal of Financial Economics, 2004, 73 (2): 375-407.

[76] Lerner J. The syndication of venture capital investments [J]. Financial Management, 1994, 23 (3): 16-27.

[77] Lerner J. Venture capitalists and the decision to go public [J]. Journal of Financial Economics, 1994, 35 (3): 293-316.

[78] Lerner J. Venture capitalists and the oversight of private firms [J]. Journal of Finance, 1995, 50 (1): 301-318.

[79] Levis M. The winner's curse problem, interest costs, and the underpricing of initial public offerings [J]. Economic Journal, 1990, 100, 399: 76-89.

[80] Ljungqvist A P. Pricing initial public offerings: Further evidence from Germany [J]. European Economic Review, 1997, 41 (7): 1309-1320.

[81] Ljungqvist A P, Jenkinson T J, Wilhelm W J. Global integration in primary equity markets: The role of U. S. banks and U. S. investors [J]. Review of Financial Studies, 2001, 16 (1): 63-99.

[82] Ljungqvist A P, Wilhelm W J. IPO allocations: Discriminatory or discretionary [J].? Journal of Financial Economics, 2012, 65 (2): 167-201.

[83] Ljungqvist A, Wilhelm Jr, William J. IPO pricing in the dot-com bubble [J]. Journal of Finance, 2003, 58: 723-752.

[84] Ljungqvist A, Wilhelm W J. Does prospect theory explain IPO market behavior [J].? Journal of Finance, 2005, 60 (4): 1759-1790.

[85] Alexander Ljungqvist. IPO underpricing [M]. Handbook of Corporate Finance, 2007.

[86] Logue D. Premia on unseasoned equity issues, 1965-69 [J]. Journal of Economics and Business, 1973, 25: 133-141.

[87] Loughran T, Ritter J R. Why don't issuers get upset about leaving money on the table in IPOs [J]. Review of Financial Studies, 2002, 15 (15): 413-443.

[88] Loughran T, Ritter J R, Why has IPO underpricing increased over time? [J]. Financial Management, 2004, 33: 5-37.

[89] Lyon J D, Barber B M, Tsai C L. Improved methods for tests of long-run abnormal stock returns [J]. Journal of Finance, 1999, 54 (1): 165-201.

[90] McDonald J G. and Fisher A K. New Issue Stock Price Behavior [J]. Journal of Finance, 1972, 27 (1): 97-102.

[91] Megginson W, Weiss K A. Venture capitalist certification in initial public offerings [J]. Journal of Finance, 1991, 46: 879-903.

[92] Michaely R, Shaw W H. The pricing of initial public offerings: Tests of adverse-selection and signaling theories [J]. Review of Financial Studies, 1994, 7 (2): 279-319.

[93] Miller E M. Risk, uncertainty, and divergence of opinion [J]. Journal of Finance, 1977, 32 (4): 1151-1168.

[94] Modigliani F, Miller M. Some estimates of the cost of capital to the electric utility industry [J]., The American Economic Review, 1966, 56 (3): 333-391.

[95] Muscarella C J, Vetsuypens M R. A simple test of Baron's model of IPO underpricing [J]. Journal of Financial Economics, 1989, 24 (1): 125-135.

[96] Nahata R. Venture capital reputation and investment performance [J]. Journal of Financial Economics, 2008, 90 (2): 127-151.

[97] Purnanandam A K, Swaminathan B. Are IPOs really underpriced [J].? Review of Financial Studies, 2004, 17 (13): 811-848.

[98] Ritter J R. The hot issue market of 1980 [J]. Journal of Business, 1984, 57 (2): 215-240.

[99] Ritter J R. The costs of going public [J]. Journal of Financial Economics, 1987, 19 (2): 269-282.

[100] Donkersgoed, Van J. The long-run performance of initial public offerings [J]. Journal of Finance, 1991, 46 (1): 3-27.

[101] Ritter Jay R. Initial publi cofferings [J]. Contemporary Finance Digest, 1998, 2: 5-30.

[102] Ritter J R, LVO W. A review of IPO activity, pricing, and alloca-

tions [J]. Journal of Finance, 2002, 57 (4): 1795-1828.

[103] Rock K. Why new issues are underpriced [J]. Journal of Financial Economics, 1986, 15 (1-2): 187-212.

[104] Rosaa D S, Velayuthen G, Walter T. The share market performance of Australian venture capital-backed and non-venture capital-backed IPOs [J]. Pacific-Basin Finance Journal., 2003, 11 (2): 197-218.

[105] Rubin D B, Thomas N. Matching Using Estimated Propensity Scores: Relating Theory to Practice [J]. Biometrics, 1996, 52 (1): 249-264.

[106] Ruud J S. Underwriter price support and the IPO underpricing puzzle [J]. Journal of Financial Economics, 1993, 34 (2): 135-151.

[107] Rydqvist K. IPO underpricing as tax-efficient compensation [J]. Journal of Banking and Finance, 1997, 21: 295-313.

[108] Sherman, A., Titman, S., Building the IPO order book: Underpricing and participation limits with costly information [J]. Journal of Financial Economics, 2002, 65 (1): 3-29.

[109] Shleifer A, Vishny R. Large stake holders and corporate control [J]. Journal of Political Economy, 1986, 94: 461-488.

[110] Spatt C, Srivastava S. Preplay communication, participation restrictions, and efficiency in initial public offerings [J]. Review of Financial Studies, 1991, 4 (4): 709-726.

[111] Sahlman W A, Stevenson H. Capital market myopia [J]. Journal of Business Venturing 1, 7-30. Venture Economics, 1997. Investment Benchmark Reports Venture Capital [J]. Venture Economics, New York, 1987.

[112] Sahlman W A. The structure and governance of venture capital organizations [J]. Journal of Financial Economics, 1990, 27 (2): 473-524.

[113] Schultz, Paul. Pseudo market timing and the long-run underperformance of IPOs [J]. Journal of Finance, 2003, 18 (4): 483-517.

[114] Shiller R J, Perron P. Testing the random walk hypothesis: Power versus frequency of observation [J]. Economics Letters, 1985, 18 (4): 381-386.

[115] Spiess D K, Pettway R H. The IPO and first seasoned equity sale: Issue proceeds, owner / managers'wealth, and the underpricing signal [J]. Journal of Banking and Finance, 1997, 21 (7): 967-988.

[116] Stoughton N M, Zechner J. IPO mechanisms, monitoring and ownership structure [J]. Journal of Financial Economics, 1998, 49 (1): 45-78.

[117] Taranto M. Employee stock options and the underpricing of initial public offerings [R]. Working Paper, University of Pennsylvania (unpublished), 2003.

[118] Welch, I. Seasoned offerings, imitation costs, and the underpricing of initial public offerings [J]. Journal of Finance, 1989, 44 (2): 421-449.

[119] Welch, I. Sequential sales, learning and cascades [J]. Journal of Finance, 1992, 47 (2): 695-732.

[120] Welch I. Equity offerings following the IPO: Theory and evidence [J]. Journal of Corporate Finance, 1996, 2 (3): 227-259.

[121] Farrell M J. The Measurement of Productive Efficiency [J]. Journal of the Royal Statistical Society. Series A (General), 1957, 120 (3): 253-290.

[122] Aigner D J, Chu S F., On Estimating the Industry Production Function [J]. The American Economic Review, 1968, 58 (4): 826-839.

[123] Battese G E, Corra G S. Estimation of a Prouducion Frontier Model: with Application to the Pastora Zone of Eastern Australia [J]. Agricultural

and Resource Economics,1977,21(3):169-179.

[124] 陳勝藍.財務會計信息與IPO抑價[J].金融研究,2010(5):152-165.

[125] 陳偉,楊大楷.風險投資的異質性對IPO的影響研究——基於中小企業板的實證分析[J].山西財經大學學報,2013(3):33-43.

[126] 陳工孟,高寧.中國股票一級市場發行抑價的程度與原因[J].金融研究,2000(8):1-12.

[127] 陳柳欽,曾慶久.中國股市IPO抑價實證分析[J].貴州財經大學學報,2003(4):20-24.

[128] 陳漢文,陳向民.證券價格的事件性反應——方法、背景和基於中國證券市場的應用[J].經濟研究,2002(1):40-47.

[129] 陳豔麗,曹國華.基於隨機前沿分析的創業板IPO抑價來源研究[J].技術經濟,2010,29(12):32-35.

[130] 白仲光,張維.基於隨機邊界定價模型的新股短期收益研究[J].管理科學學報,2003,6(1):51-59.

[131] 杜俊濤,周孝華,楊秀苔.中國證券市場IPOs長期表現的實證研究[J].中國軟科學,2003(11):46-51.

[132] 丁松良.中國新股長期走勢實證研究[J].南開經濟研究,2003(3):55-62.

[133] 範宏博.中國風險投資業績影響因素研究[J].科研管理,2012,33(3):128-135.

[134] 辜勝阻,曾慶福.中國風險投資制約因素及其戰略對策[J].中國軟科學,2003(11):6-12.

[135] 韓立岩,伍燕然.投資者情緒與IPOs之謎——抑價或者溢價[J].管理世界,2007(3):51-61.

[136] 胡安寧.傾向值匹配與因果推論:方法論述評[J].社會學研

究，2012（1）：221-242.

［137］蔣順才，蔣永明，胡琦. 不同發行制度下中國新股首日收益率研究［J］. 管理世界，2006（7）：132-138.

［138］江洪波. 基於非有效市場的 A 股 IPO 價格行為分析［J］. 金融研究，2007（8）：90-102.

［139］貫寧，李丹. 創業投資管理對企業績效表現的影響［J］. 南開管理評論，2011，14（1）：96-106.

［140］李國勇. 中國上市公司 IPO 抑價影響因素的實證研究［J］. 統計與決策，2011（23）：142-146.

［141］李志文，修世宇. 中國資本市場新股 IPO 折價程度及原因探究［J］. 中國會計評論，2006（2）：173-188.

［142］劉曉明，胡文偉，李湛. 中國股票市場 IPO 折價實證研究［J］. 管理科學，2009，22（4）：87-96.

［143］李常青，林文榮. 會計師事務所聲譽與 IPO 折價關係的實證研究［J］. 廈門大學學報：哲學社會科學版，2004（5）：78-85.

［144］劉煜輝，熊鵬. 股權分置、政府管制和中國 IPO 抑價［J］. 經濟研究，2005（5）：85-95.

［145］劉煜輝，沈可挺. 是一級市場抑價，還是二級市場溢價——關於中國新股高抑價的一種檢驗和一個解釋［J］. 金融研究，2011（11）：183-196.

［146］李博. 投資者情緒、新股發行方式與 IPO 首日收益率［J］. 東北大學學報：社會科學版，2010，12（4）：317-322.

［147］李建華，張立文. 私募股權投資信託與中國私募股權市場的發展［J］. 世界經濟，2007，30（5）：74-84.

［148］李曜，張子煒. 私募股權、天使資本對創業板市場 IPO 抑價的不同影響［J］. 財經研究，2011（8）.

[149] 李蘊瑋, 宋軍, 吳衝鋒. 考慮市值權重的 IPO 長期業績研究 [J]. 當代經濟科學, 2002, 24 (6): 12-15.

[150] 梁建敏, 吳江. 創業板公司 IPO 前后業績變化及風險投資的影響 [J]. 證券市場導報, 2012 (4): 64-69.

[151] 梁洪昀. 新股持股鎖定期到期前后的股價與成交量 [J]. 經濟科學, 2002 (4): 72-79.

[152] 馬君潞, 劉嘉. 中國 IPOs 價格發現機制實證研究 [J]. Nankai Economic Studies, 2005 (6): 45-52.

[153] 馬健, 劉志新, 張力健. 雙重異質信念下中國上市公司融資決策研究 [J]. 中國管理科學, 2012, 20 (2): 50-56.

[154] 邱冬陽, 熊維勤. 基於隨機前沿方法的 IPO 抑價分解 [J]. 重慶理工大學學報: 社會科學版, 2011, 25 (11): 50-56.

[155] 浦劍悅, 韓楊. 新股發行抑價的兩種模型檢驗 [J]. 南開管理評論, 2002, 5 (4): 45-47.

[156] 錢蘋, 張幃. 中國創業投資的回報率及其影響因素 [J]. 經濟研究, 2007 (5): 78-90.

[157] 田利輝. 金融管制、投資風險和新股發行的超額抑價 [J]. 金融研究, 2010, 55 (4): 85-100.

[158] 田利輝, 張偉, 王冠英. 新股發行: 漸進式市場化改革是否可行 [J]. 南開管理評論, 2013, 16 (2): 116-132.

[159] 田高良, 王曉亮. 中國 A 股 IPO 效率影響因素的實證研究 [J]. 南開管理評論, 2007, 10 (5): 94-99.

[160] 談毅, 陸海天, 高大勝. 風險投資參與對中小企業板上市公司的影響 [J]. 證券市場導報, 2009 (5): 26-33.

[161] 邵新建, 巫和懋, 覃家琦, 等. 中國 IPO 市場週期: 基於投資者情緒與政府擇時發行的分析 [J]. 金融研究, 2010 (11): 123-143.

［162］沈哲，林啓洪.承銷商聲譽、信息不對稱和新股抑價：基於板塊的新發現［J］.上海金融，2013（4）：84-89.

［163］孫自願，陳維娜，徐珊.IPO長期價格收益及其影響因素：帳面市值比效應、可持續增長與投資者情緒［J］.北京工商大學學報：社會科學版，2012（1）：109-115.

［164］王晉斌.新股申購預期超額報酬率的測度及其可能原因的解釋［J］.經濟研究，1997（12）：17-24.

［165］王華，張程睿.信息不對稱與IPO籌資成本——來自中國一級市場的經驗數據［J］.經濟管理，2005（6）：13-20.

［166］王兵，辛清泉.尋租動機與審計市場需求：基於民營IPO公司的證據［J］.審計研究，2009（3）：74-80.

［167］王棟，王新宇.投資者情緒對IPO抑價影響研究——來自深圳中小板、創業板市場的經驗證據［J］.金融與經濟，2011（4）：48-51.

［168］王春峰，趙威，房振明.新股投資者情緒度量及其與新股價格行為關係［J］.系統工程，2007，25（7）：1-6.

［169］王曉東，趙昌文，李昆.風險投資的退出績效研究——IPO與M&A的比較［J］.經濟學家，2004（1）：102-111.

［170］王玉榮，李軍.風險投資對中小企業自主創新影響的實證研究——基於中小企業板的經驗數據［J］.山東科技大學學報：社會科學版，2009，11（1）：47-52.

［171］王榮芳.論中國私募股權投資基金監管制度之構建［J］.比較法研究，2012（6）：67-71.

［172］王春峰，羅建春.中國股票IPOs長期弱勢現象的實證研究［J］.南開經濟研究，2002（3）：25-30.

［173］王燕鳴，楚慶峰.滬深股市IPO行業板塊效應研究［J］.金融研究，2009（1）：151-164.

[174] 汪金龍. 中國首次公開發行股票長期市場表現實證研究 [J]. 財貿研究, 2002 (1): 67-69.

[175] 汪宜霞, 夏新平. IPO首日超額收益: 基於抑價和溢價的研究綜述 [J]. 當代經濟管理, 2008, 30 (4): 72-77.

[176] 徐浩萍, 陳欣, 陳超. 國有企業IPO發行折價: 基於政策信號理論的解釋 [J]. 金融研究, 2009 (10): 133-149.

[177] 徐浩萍, 羅煒. 投資銀行聲譽機制有效性——執業質量與市場份額雙重視角的研究 [J]. 經濟研究, 2007 (2): 124-136.

[178] 徐春波, 王靜濤. 投行聲譽和IPO抑價: 中國股票發行市場的實證分析 [J]. 雲南財經大學學報, 2007, 23 (4): 53-57.

[179] 楊丹, 王莉. 中國新股發行抑價: 一個假說的檢驗 [J]. 復旦學報: 社會科學版, 2001 (5): 85-90.

[180] 楊丹, 林茂. 中國IPO長期市場表現的實證研究——基於超常收益率不同測度方法的比較分析 [J]. 會計研究, 2006 (11): 61-68.

[181] 楊記軍, 趙昌文. 定價機制、承銷方式與發行成本: 來自中國IPO市場的證據 [J]. 金融研究, 2006 (5): 51-60.

[182] 朱凱, 田尚清, 楊中益. 公司治理與IPO抑價——來自中國股票市場的經驗證據 [J]. 中國會計評論, 2006 (2): 291-306.

[183] 朱紅軍, 錢友文. 中國IPO高抑價之謎: 「定價效率觀」還是「租金分配觀」? [J]. 管理世界, 2010 (6): 28-40.

[184] 肖曙光, 蔣順才. 中國A股市場高IPO抑價現象的制度因素分析 [J]. 會計研究, 2006 (6): 70-75.

[185] 嚴小洋. IPO中的價格管制及其后果 [J]. 北京大學學報: 哲學社會科學版, 2008 (6): 141-147.

[186] 周孝華, 趙煒科, 劉星. 中國股票發行審批制與核准制下IPO定價效率的比較研究 [J]. 管理世界, 2006 (11): 13-18.

[187] 周孝華, 代彬. 流動性與資產定價: 基於中國證券市場 IPOs 長期表現的實證研究 [J]. 南京師大學報: 社會科學版, 2007 (3): 49-54.

[188] 張凌宇. 創業投資機構對其支持企業 IPO 抑價度的影響 [J]. 產業經濟研究, 2006 (6): 36-41.

[189] 張學勇, 廖理. 風險投資背景與公司 IPO: 市場表現與內在機理 [J]. 經濟研究, 2011 (6): 118-132.

[190] 臧展. 私募股權投資理論與中國的實踐 [J]. 經濟理論與經濟管理, 2009 (11): 64-68.

[191] 吳超鵬, 吳世農, 程靜雅, 等. 風險投資對上市公司投融資行為影響的實證研究 [J]. 經濟研究, 2012 (1): 105-119.

[192] 熊和平. 消費習慣、異質偏好與動態資產定價: 純交換經濟情形 [J]. 經濟研究, 2005 (10): 91-100.

[193] 熊維勤. 鎖定制度與機構投資行為 [J]. 重慶大學學報: 社會科學版, 2009, 15 (3): 27-33.

[194] 許榮, 蔣慶欣, 李星漢. 信息不對稱程度增加是否有助於投行聲譽功能發揮?——基於中國創業板制度實施的證據 [J]. 金融研究, 2013 (7): 166-179.

相關發行制度附錄

證監會公告〔2009〕13號-關於進一步改革和完善新股發行體制的指導意見

為了進一步健全新股發行機制、提高發行效率，我會制定了《關於進一步改革和完善新股發行體制的指導意見》，現予公布，自 2009 年 6 月 11 日起施行。

二〇〇九年六月十日

近年來，在黨中央、國務院正確領導下，中國資本市場進行了一系列重大基礎性和制度性改革，取得了顯著成效。市場規模和容量跨上新臺階，市場機制和結構逐步優化，投資者入市踴躍，各類企業利用資本市場健全機制、融入資本的態度積極，資本市場的重要性日益突出。為了進一步健全機制、提高效率，有必要對新股發行體制進行改革和完善以適應市場的更大發展。經過對股票發行體制改革有關問題進行廣泛調查研究，我會對進一步改革和完善新股發行體制提出以下指導意見：

一、改革原則、基本內容和預期目標

（一）改革原則。堅持市場化方向，促進新股定價進一步市場化，注重培育市場約束機制，推動發行人、投資人、承銷商等市場主體歸位盡責，重視中小投資人的參與意願。

（二）基本內容。在新股定價方面，完善詢價和申購的報價約束機制，淡化行政指導，形成進一步市場化的價格形成機制。在發行承銷方面，增加承銷與配售的靈活性，理順承銷機制，強化買方對賣方的約束力和承銷商在發行活動中的責任，逐步改變完全按資金量配售股份；適時調整股份發行政策，增加可供交易股份數量；優化網上發行機制，股份分配適當向有申購意向的中小投資者傾斜，緩解巨額資金申購新股狀況；完善回撥機制和中止發行機制。同時，加強新股認購風險提示，明晰發行市場的風險。

（三）預期目標。一是市場價格發現功能得到優化，買方、賣方的內在制衡機制得以強化。二是提升股份配售機制的有效性，緩解巨額資金申購新股狀況，提高發行的質量和效率。三是在風險明晰的前提下，中小投資者的參與意願得到重視，向有意向申購新股的中小投資者適當傾斜。四是增強揭示風險的力度，強化一級市場風險意識。

二、近期改革措施

新股發行體制涉及面廣、影響大，為保證改革的平穩推進，擬採取分步實施、逐步完善的方式，分階段推出各項改革措施。現階段主要推出如下四項措施：

（一）完善詢價和申購的報價約束機制，形成進一步市場化的價格形成機制。詢價對象應真實報價，詢價報價與申購報價應當具有邏輯一致性，主承銷商應當採取措施杜絕高報不買和低報高買。發行人及其主承銷商應當根據發行規模和市場情況，合理設定每筆申購的最低申購量。對最終定價超過預期價格導致募集資金量超過項目資金需要量的，發行人應當提前在招股說明書中披露用途。

（二）優化網上發行機制，將網下網上申購參與對象分開。對每一只股票發行，任一股票配售對象只能選擇網下或者網上一種方式進行新股申購，所有參與該只股票網下報價、申購、配售的股票配售對象均不再參與

網上申購。

(三) 對網上單個申購帳戶設定上限。發行人及其主承銷商應當根據發行規模和市場情況，合理設定單一網上申購帳戶的申購上限，原則上不超過本次網上發行股數的千分之一。單個投資者只能使用一個合格帳戶申購新股。

(四) 加強新股認購風險提示，提示所有參與人明晰市場風險。發行人及其主承銷商應當刊登新股投資風險特別公告，充分揭示一級市場風險，提醒投資者理性判斷投資該公司的可行性。證券經營機構應當採取措施，向投資者提示新股認購風險。

其他改革措施，在統籌兼顧市場發展的速度、改革的力度和市場的承受程度的基礎上，擇機推出。

三、切實落實各項改革措施

新股發行體制改革需要市場參與各方密切配合，市場各方應當提高認識，制定相應方案，周密部署，切實將各項改革要求落到實處。

發行人應當樹立發行上市的正確理念，積極履行信息披露義務，加強募集資金管理，提高上市公司經營水平，維護股東合法權益。

承銷商（保薦機構）及其他證券公司應當勤勉盡責，誠實守信，經營活動中維護買賣雙方的長期利益和根本利益。具體工作中要在機構、人員、制度和技術等方面加以改進和適應，不斷提高專業服務能力。

詢價對象應當發揮專業機構的作用，認真、審慎、專業地掌握資料、分析研判、理性定價，從而形成對市場的理性引導。

投資者應當充分關注定價市場化蘊含的風險因素，知曉部分股票上市後可能跌破發行價，切實提高風險意識，強化價值投資理念，避免盲目炒作。

相關自律組織應當積極採取措施，切實加強對參與新股發行的承銷商、詢價對象、股票配售對象、證券公司的自律管理和服務。

關於進一步深化新股發行體制改革的指導意見

(2012 年 4 月 28 日證監會公告〔2012〕10 號)

根據黨中央、國務院關於 2012 年經濟工作的部署,深化新股發行體制改革是完善資本市場的重要任務之一。改革的主要內容是,在過去兩年減少行政干預的基礎上,健全股份有限公司發行股票和上市交易的基礎性制度,推動各市場主體進一步歸位盡責,促使新股價格真實反應公司價值,實現一級市場和二級市場均衡協調健康發展,切實保護投資者的合法權益。

一、完善規則,明確責任,強化信息披露的真實性、準確性、充分性和完整性

要進一步推進以信息披露為中心的發行制度建設,逐步淡化監管機構對擬上市公司盈利能力的判斷,修改完善相關規則,改進發行條件和信息披露要求,落實發行人、各仲介機構獨立的主體責任,全過程、多角度提升信息披露質量。發行人和各仲介機構應按法規制度履行職責,不得包裝和粉飾業績。對法規沒有明確規定的事項,應本著誠信、專業的原則,善意表述。

(一)發行人作為信息披露第一責任人,必須始終恪守誠實守信的行為準則。其基本義務和責任是,為保薦機構、會計師事務所和律師事務所等仲介機構提供真實、完整的財務會計資料和其他資料,全面配合仲介機構開展盡職調查。發行人的控股股東、實際控制人不得利用控制地位或關聯關係以及其他條件,要求或協助發行人編造虛假信息或隱瞞重要信息。

(二)保薦機構應遵守業務規則和行業規範,誠實守信,勤勉盡責,

對發行人的申請文件和招股說明書等信息披露資料進行盡職核查，督促發行人完整、客觀地反應其基本情況和風險因素，並對其他仲介機構出具的專業意見進行必要的核查。

（三）律師事務所應恪守律師職業道德和執業紀律，認真履行核查和驗證義務，完整、客觀地反應發行人合法存續與合規經營的相關情況、問題與風險，對其所出具文件的真實性、準確性、充分性和完整性負責。提倡和鼓勵具備條件的律師事務所撰寫招股說明書。

（四）會計師事務所應結合業務質量控制的需要，制定包括復核制度在內的質量控制制度和程序。註冊會計師在執行審計業務時，應當嚴守執業準則和會計師事務所質量控制制度，確保風險評估等重要審計程序執行到位，保持合理的職業懷疑態度，保持對財務異常信息的敏感度，防範管理層舞弊、利潤操縱等行為發生。會計師事務所及其簽字註冊會計師應當嚴格按照執業準則出具審計報告、審核報告或其他鑒證報告。

（五）資產評估機構、資信評級機構等其他仲介機構要按相關法律法規、行業執業準則的要求，嚴格履行職責，獨立核查判斷，出具專業意見。

（六）為提高財務信息披露質量，要進一步明確發行人及其控股股東和實際控制人、會計師事務所、保薦機構在財務會計資料提供、審計執業規範、輔導及盡職調查等方面的責任，堅決抑制包裝粉飾行為。

（七）發行人應當建立健全公司治理結構，完善內控制度，建立有效保護股東尤其是中小投資者合法權益的機制；在招股說明書中詳細披露公司治理結構的狀況及運行情況。保薦機構、律師事務所、會計師事務所應結合輔導、核查等工作，對發行人公司治理結構及內控制度的有效性發表意見。

（八）進一步提前預先披露新股資料的時點，逐步實現發行申請受理後即預先披露招股說明書，提高透明度，加強公眾投資者和社會各界的

监督。

（九）在公司上市過程中徵求有關部委意見的環節，按照國務院有關減少對微觀經濟活動干預、提高政府服務效率等行政審批制度改革精神，在有效增加相關信息數量和提高質量的前提下，改進徵求相關部委意見的方式。

（十）發行申請獲得核准後，在核准批文有效期內，由發行人及主承銷商自行選擇發行時間窗口。

二、適當調整詢價範圍和配售比例，進一步完善定價約束機制

（一）擴大詢價對象範圍。除了目前有關辦法規定的 7 類機構外，主承銷商可以自主推薦 5 至 10 名投資經驗比較豐富的個人投資者參與網下詢價配售。主承銷商應當制訂推薦的原則和標準、內部決定程序並向中國證券業協會備案。發行人、發行人股東和仲介機構不得利用關聯關係或其他關係向推薦的個人投資者輸送利益，或勸誘推薦的個人投資者抬高發行價格。

（二）提高向網下投資者配售股份的比例，建立網下向網上回撥機制。向網下投資者配售股份的比例原則上不低於本次公開發行與轉讓股份（以下稱為本次發售股份）的 50%。網下中簽率高於網上中簽率的 2 至 4 倍時，發行人和承銷商應將本次發售股份中的 10% 從網下向網上回撥；超過 4 倍時應將本次發售股份中的 20% 從網下向網上回撥。

（三）促進詢價機構審慎定價。詢價機構應嚴格執行內控制度和投資管理業務制度，進一步提升定價的專業性和規範性。詢價機構要認真研讀發行人招股說明書等信息，發現存在異常情形的，如與本次發行相關聯的機構或個人存在不良誠信記錄、發行人所在行業已經出現不利變化、發行人盈利水平與行業相比存在異常等，詢價機構應採取調研、核查等方式進一步核實研判。如未能對相關異常情形進行核實研判，或者缺乏充分的時間熟悉、研究發行人的資料信息，參與報價申購具有較高風險，應保持充

分的審慎。

（四）加強對詢價、定價過程的監管。承銷商應保留詢價、定價過程中的相關資料並存檔備查，包括推介宣傳材料、路演現場錄音等，如實、全面反應詢價、定價過程。中國證監會、中國證券業協會要加強對詢價、定價過程及存檔資料的日常檢查，對發行人和承銷商誇大宣傳、虛假廣告等行為採取監管措施。

（五）引入獨立第三方對擬上市公司的信息披露進行風險評析，為中小投資者在新股認購時提供參考。中國證券業協會具體組織開展新股風險評析的相關工作。

（六）證券交易所組織開展中小投資者新股模擬詢價活動，促進中小投資者研究、熟悉新股，引導中小投資者理性投資。

三、加強對發行定價的監管，促使發行人及參與各方盡責

（一）招股說明書預先披露后，發行人可向特定詢價對象以非公開方式進行初步溝通，徵詢價格意向，預估發行價格區間，並在發審會召開前向中國證監會提交書面報告。預估的發行定價市盈率高於同行業上市公司平均市盈率的，發行人需在招股說明書及發行公告中補充說明相關風險因素，澄清募集資金數量是否合理，是否由於自身言行誤導，並提醒投資者關注相關重點事項。無細分行業平均市盈率的，參考所屬板塊二級市場平均市盈率。

根據預估的發行價格，如預計募集資金超過募集資金投資項目需要，發行人需在招股說明書中補充說明超募資金用途及其對公司的影響；如募集資金投資項目存在資金缺口，發行人需合理確定資金缺口的解決辦法，並在招股說明書中補充披露。

（二）招股說明書正式披露后，根據詢價結果確定的發行價格市盈率高於同行業上市公司平均市盈率25%的（採用其他方法定價的比照執行），發行人應召開董事會，結合適合本公司的其他定價方法，分析討論發行定

價的合理性因素和風險性因素，進一步分析預計募集資金的使用對公司主業的貢獻和對業績的影響，尤其是公司絕對和相對業績指標波動的風險因素，相關信息應補充披露。董事會應就最終定價進行確認，獨立董事應對董事會討論的充分性發表意見。發行人需在董事會召開後兩日內刊登公告，披露詢價對象報價情況、董事會決議及獨立董事的意見。

中國證監會綜合考慮補充披露信息等相關情況後，可要求發行人及承銷商重新詢價，或要求未提供盈利預測的發行人補充提供經會計師事務所審核的盈利預測報告並公告，並在盈利預測公告後重新詢價。屬於發審會後發生重大事項的，中國證監會將按照有關規定決定是否重新提交發審會審核，須提交發審會審核的應在審核通過後再辦理重新詢價等事項。

四、增加新上市公司流通股數量，有效緩解股票供應不足

（一）取消現行網下配售股份 3 個月的鎖定期，提高新上市公司股票的流通性。發行人、承銷商與投資者自主約定的鎖定期，不受此限。

（二）在首次公開發行新股時，推動部分老股向網下投資者轉讓，增加新上市公司可流通股數量。持股期滿 3 年的股東可將部分老股向網下投資者轉讓。老股轉讓後，發行人的實際控制人不得發生變更。老股東選擇轉讓老股的，應在招股說明書中披露老股東名稱及轉讓股份數量。

（三）老股轉讓所得資金須保存在專用帳戶，由保薦機構進行監管。在老股轉讓所得資金的鎖定期限內，如二級市場價格低於發行價，專用帳戶內的資金可以在二級市場回購公司股票。控股股東和實際控制人及其關聯方轉讓所持老股的，新股上市滿 1 年後，老股東可將帳戶資金餘額的 10%轉出；滿 2 年後，老股東可將帳戶資金餘額的 20%轉出；滿 3 年後，可將剩餘資金全部轉出。非控股股東和非實際控制人及其關聯方轉讓所持老股的，新股上市滿 1 年後可將資金轉出。

證券交易所和中國證券登記結算公司應制定相關規則並加以監管。

五、繼續完善對炒新行為的監管措施，維護新股交易正常秩序

（一）證券交易所應根據市場情況研究完善新股交易機制、開盤價格形成機制，促進新股上市后合理定價，正常交易。

（二）證券交易所應明確新股異常交易行為標準，加強對新股上市初期的監管，加大對炒新行為的監管力度。

（三）加強投資者適當性管理。中國證券業協會和證券交易所應制定投資者適當性管理的自律規則，要求會員切實落實投資者適當性管理的相關要求，加強對買入新股客戶的適當性管理。

（四）加強對新股認購帳戶的管理。證券公司應對投資者尤其是機構投資者開立證券帳戶進行核查和管理，包括投資者的機構屬性和業務特點等，加強對客戶違規炒新、炒差、炒小行為的監控和監管。

（五）加大對新股交易特點的信息揭示。由證券交易所等相關機構定期統計並公布新股交易的價格變化情況及各類投資者買賣新股的損益情況。

六、嚴格執行法律法規和相關政策，加大監管和懲治力度

新股發行體制的有效運行需要法治保障。中國證監會將加大對違法違規行為及不當行為的監管和懲治力度，維護正常市場秩序，保護投資者合法權益。

（一）加大對財務虛假披露行為的打擊力度。對於新股發行過程中的財務造假、利潤操縱、虛假披露等違法違規行為，自律組織應根據自律規範採取自律措施，中國證監會將根據情節輕重，依法對公司法定代表人、財務負責人和相關人員、仲介機構及其相關人員採取監管措施、立案調查、行政處罰等措施，涉嫌犯罪的依法移送司法機關追究其刑事責任。法律、法規已有明確規定的，依法從重處理。法律、法規規定尚不明確的，要進一步予以完善。中國證監會將加強與司法機關、自律組織的監管與執法協作，形成合力。

（二）加強對路演和「人情報價」的監管和處罰。加強對發行人、承

銷商、詢價對象的路演、詢價、報價和定價過程的監管，對誇大宣傳、虛假宣傳、「人情報價」等行為採取必要的監管措施。中國證監會將完善誠信檔案、加強誠信法制體系建設，建立失信懲戒機制。

（三）發行價格高於同行業上市公司平均市盈率25%的發行人，除因不可抗力外，上市後實際盈利低於盈利預測的，中國證監會將視情節輕重，對發行人董事及高級管理人員採取列為重點關注、監管談話、認定為非適當人選等措施，記入誠信檔案；對承銷機構法定代表人、項目負責人等採取監管談話、重點關注、出具警示函、認定為不適當人選等監管措施，記入誠信檔案；對會計師事務所採取監管談話、出具警示函等監管措施，記入誠信檔案。

（四）加強對第三方獨立評析機構的監管。第三方評析機構違反評析業務流程，違規出具新股風險評析報告，或者出具的評析報告存在虛假記載、故意遺漏的，中國證券業協會要依照自律管理規則進行處罰，中國證監會視情節給予處理。

（五）加強對證券公司執行投資者適當性管理要求的監管力度。中國證監會及其派出機構要加強對證券公司實施投資者適當性管理和投資者教育等方面情況的監督檢查，發現違規行為的，依法採取責令改正、監管談話、出具警示函、責令處分有關人員等監管措施。

（六）證券交易所應進一步細化異常交易的認定標準，強化監管涉嫌操縱新股價格的違規違法行為，嚴厲打擊操縱新股價格。

現階段新股發行中的弊端是中國資本市場的痼疾，所謂新股價格畸高、「打新」投機嚴重及隨之出現的「業績變臉」和市場表現下滑，除體制機制原因外，還有深刻的社會、文化和歷史根源。因此，在深化新股發行體制改革的同時，必須加強輿論宣傳、風險揭示和投資教育，逐步改變目前存在的以「送禮祝賀」心態參與報價，以分享「勝利果實」心態參與認購，以「賭博中彩」心態參與炒作等種種不良習慣和風氣。只有全面考

慮各種影響因素，採取綜合治理方針，才能取得預期效果。

　　上述新股發行體制改革的指導意見，是經過廣泛討論、徵求意見並認真研究后形成的。中國證監會將在整體規劃，統籌協調的基礎上，突出重點，分步實施，實現平穩有序推進。在此過程中，還將根據市場實際情況及時採取必要的調整措施。

中國證監會關於進一步推進新股發行體制改革的意見

(2013 年 11 月 30 日 證監會公告〔2013〕42 號)

貫徹黨的十八屆三中全會決定中關於「推進股票發行註冊制改革」的要求，必須進一步推進新股發行體制改革，厘清和理順新股發行過程中政府與市場的關係，加快實現監管轉型，提高信息披露質量，強化市場約束，促進市場參與各方歸位盡責，為實行股票發行註冊制奠定良好基礎。改革的總體原則是：堅持市場化、法制化取向，綜合施策、標本兼治，進一步理順發行、定價、配售等環節的運行機制，發揮市場決定性作用，加強市場監管，維護市場公平，切實保護投資者特別是中小投資者的合法權益。

一、推進新股市場化發行機制

（一）進一步提前招股說明書預先披露時點，加強社會監督。發行人招股說明書申報稿正式受理后，即在中國證監會網站披露。

（二）招股說明書預先披露后，發行人相關信息及財務數據不得隨意更改。審核過程中，發現發行人申請材料中記載的信息自相矛盾、或就同一事實前后存在不同表述且有實質性差異的，中國證監會將中止審核，並在 12 個月內不再受理相關保薦代表人推薦的發行申請。發行人、仲介機構報送的發行申請文件及相關法律文書涉嫌虛假記載、誤導性陳述或重大遺漏的，移交稽查部門查處，被稽查立案的，暫停受理相關仲介機構推薦的發行申請；查證屬實的，自確認之日起 36 個月內不再受理該發行人的股票發行申請，並依法追究仲介機構及相關當事人責任。

（三）股票發行審核以信息披露為中心。

發行人作為信息披露第一責任人，應當及時向仲介機構提供真實、完整、準確的財務會計資料和其他資料，全面配合仲介機構開展盡職調查。

保薦機構應當嚴格履行法定職責，遵守業務規則和行業規範，對發行人的申請文件和信息披露資料進行審慎核查，督導發行人規範運行，對其他仲介機構出具的專業意見進行核查，對發行人是否具備持續盈利能力、是否符合法定發行條件做出專業判斷，並確保發行人的申請文件和招股說明書等信息披露資料真實、準確、完整、及時。

會計師事務所、律師事務所、資產評估機構等證券服務機構及人員，必須嚴格履行法定職責，遵照本行業的業務標準和執業規範，對發行人的相關業務資料進行核查驗證，確保所出具的相關專業文件真實、準確、完整、及時。

中國證監會發行監管部門和股票發行審核委員會依法對發行申請文件和信息披露內容的合法合規性進行審核，不對發行人的盈利能力和投資價值作出判斷。發現申請文件和信息披露內容存在違法違規情形的，嚴格追究相關當事人的責任。

投資者應當認真閱讀發行人公開披露的信息，自主判斷企業的投資價值，自主做出投資決策，自行承擔股票依法發行后因發行人經營與收益變化導致的風險。

（四）中國證監會自受理證券發行申請文件之日起三個月內，依照法定條件和法定程序作出核准、中止審核、終止審核、不予核准的決定。

（五）發行人首次公開發行新股時，鼓勵持股滿三年的原有股東將部分老股向投資者轉讓，增加新上市公司可流通股票的比例。老股轉讓后，公司實際控制人不得發生變更。老股轉讓的具體方案應在公司招股說明書和發行公告中公開披露。

發行人應根據募投項目資金需要量合理確定新股發行數量，新股數量不足法定上市條件的，可以通過轉讓老股增加公開發行股票的數量。新股

發行超募的資金，要相應減持老股。

（六）申請首次公開發行股票的在審企業，可申請先行發行公司債。鼓勵企業以股債結合的方式融資。

（七）發行人通過發審會並履行會后事項程序後，中國證監會即核准發行，新股發行時點由發行人自主選擇。

（八）放寬首次公開發行股票核准文件的有效期至 12 個月。

發行人自取得核准文件之日起至公開發行前，應參照上市公司定期報告的信息披露要求，及時修改信息披露文件內容，補充財務會計報告相關數據，更新預先披露的招股說明書；期間發生重大會后事項的，發行人應及時向中國證監會報告並提供說明；保薦機構及相關仲介機構應持續履行盡職調查義務。發行人發生重大會后事項的，由中國證監會按審核程序決定是否需要重新提交發審會審議。

二、強化發行人及其控股股東等責任主體的誠信義務

（一）加強對相關責任主體的市場約束

1. 發行人控股股東、持有發行人股份的董事和高級管理人員應在公開募集及上市文件中公開承諾：所持股票在鎖定期滿後兩年內減持的，其減持價格不低於發行價；公司上市後 6 個月內如公司股票連續 20 個交易日的收盤價均低於發行價，或者上市後 6 個月期末收盤價低於發行價，持有公司股票的鎖定期限自動延長至少 6 個月。

2. 發行人及其控股股東、公司董事及高級管理人員應在公開募集及上市文件中提出上市后三年內公司股價低於每股淨資產時穩定公司股價的預案，預案應包括啟動股價穩定措施的具體條件、可能採取的具體措施等。具體措施可以包括發行人回購公司股票，控股股東、公司董事、高級管理人員增持公司股票等。上述人員在啟動股價穩定措施時應提前公告具體實施方案。

3. 發行人及其控股股東應在公開募集及上市文件中公開承諾，發行人

招股說明書有虛假記載、誤導性陳述或者重大遺漏，對判斷發行人是否符合法律規定的發行條件構成重大、實質影響的，將依法回購首次公開發行的全部新股，且發行人控股股東將購回已轉讓的原限售股份。發行人及其控股股東、實際控制人、董事、監事、高級管理人員等相關責任主體應在公開募集及上市文件中公開承諾：發行人招股說明書有虛假記載、誤導性陳述或者重大遺漏，致使投資者在證券交易中遭受損失的，將依法賠償投資者損失。

保薦機構、會計師事務所等證券服務機構應當在公開募集及上市文件中公開承諾：因其為發行人首次公開發行製作、出具的文件有虛假記載、誤導性陳述或者重大遺漏，給投資者造成損失的，將依法賠償投資者損失。

（二）提高公司大股東持股意向的透明度。發行人應當在公開募集及上市文件中披露公開發行前持股5%以上股東的持股意向及減持意向。持股5%以上股東減持時，須提前三個交易日予以公告。

（三）強化對相關責任主體承諾事項的約束。發行人及其控股股東、公司董事及高級管理人員等責任主體作出公開承諾事項的，應同時提出未能履行承諾時的約束措施，並在公開募集及上市文件中披露，接受社會監督。證券交易所應加強對相關當事人履行公開承諾行為的監督和約束，對不履行承諾的行為及時採取監管措施。

三、進一步提高新股定價的市場化程度

（一）改革新股發行定價方式。按照《證券法》第三十四條的規定，發行價格由發行人與承銷的證券公司自行協商確定。發行人應與承銷商協商確定定價方式，並在發行公告中披露。

（二）網下投資者報價後，發行人和主承銷商應預先剔除申購總量中報價最高的部分，剔除的申購量不得低於申購總量的10%，然後根據剩餘報價及申購情況協商確定發行價格。被剔除的申購份額不得參與網下

配售。

公開發行股票數量在 4 億股以下的，提供有效報價的投資者應不少於 10 家，但不得多於 20 家；公開發行股票數量在 4 億股以上的，提供有效報價的投資者應不少於 20 家，但不得多於 40 家。網下發行股票籌資總額超過 200 億的，提供有效報價的投資者可適當增加，但不得多於 60 家。有效報價人數不足的，應當中止發行。

發揮個人投資者參與發行定價的作用。發行人和主承銷商應當允許符合條件的個人投資者參與網下定價和網下配售。具備承銷資格的證券公司應預先制定上述個人投資者需具備的條件，並向社會公告。

（三）強化定價過程的信息披露要求。發行人和主承銷商應製作定價過程及結果的信息披露文件並公開披露。在網上申購前，發行人和主承銷商應當披露每位網下投資者的詳細報價情況，包括投資者名稱、申購價格及對應的申購數量，所有網下投資者報價的中位數、加權平均數，以公開募集方式設立的證券投資基金報價的中位數和加權平均數，確定的發行價及對應的市盈率等。

如擬定的發行價格（或發行價格區間上限）的市盈率高於同行業上市公司二級市場平均市盈率的，在網上申購前發行人和主承銷商應發布投資風險特別公告，明示該定價可能存在估值過高給投資者帶來損失的風險，提醒投資者關注。內容至少應包括：

1. 比較分析發行人與同行業上市公司的差異及對發行定價的影響；提請投資者關注所定價格與網下投資者報價之間存在的差異。

2. 提請投資者關注投資風險，審慎研判發行定價的合理性，理性做出投資決策。

四、改革新股配售方式

（一）引入主承銷商自主配售機制。網下發行的股票，由主承銷商在提供有效報價的投資者中自主選擇投資者進行配售。發行人應與主承銷商

協商確定網下配售原則和方式，並在發行公告中披露。承銷商應當按照事先公告的配售原則進行配售。

（二）網下配售的股票中至少 40% 應優先向以公開募集方式設立的證券投資基金和由社保基金投資管理人管理的社會保障基金配售。上述投資者有效申購數量不足的，發行人和主承銷商可以向其他投資者進行配售。

（三）調整網下配售比例，強化網下報價約束機制。公司股本 4 億元以下的，網下配售比例不低於本次公開發行股票數量的 60%；公司股本超過 4 億元的，網下配售比例不低於本次公開發行股票數量的 70%。余下部分向網上投資者發售。既定的網下配售部分認購不足的，應當中止發行，發行人和主承銷商不得向網上回撥股票。

（四）調整網下網上回撥機制。網上投資者有效認購倍數在 50 倍以上但低於 100 倍的，應從網下向網上回撥，回撥比例為本次公開發行股票數量的 20%；網上投資者有效認購倍數在 100 倍以上的，回撥比例為本次公開發行股票數量的 40%。

（五）改進網上配售方式。持有一定數量非限售股份的投資者才能參與網上申購。網上配售應綜合考慮投資者持有非限售股份的市值及申購資金量，進行配號、抽簽。

證券交易所、證券登記結算公司應制訂網上配售的實施細則，規範網上配售行為。發行人、主承銷商應根據相關規則制訂網上配售具體方案並公告。方案必須明確每位投資者網上申購數量的上限，該上限最高不得超過本次網上初始發行股數的千分之一。

（六）強化股票配售過程的信息披露要求。主承銷商和發行人應製作配售程序及結果的信息披露文件並公開披露。發行人和主承銷商應當在發行公告中披露投資者參與自主配售的條件、配售原則；自主配售結束後應披露配售結果，包括獲得配售的投資者名稱、報價、申購數量及配售數額等，主承銷商應說明自主配售結果是否符合事先公布的配售原則；對於提

供有效報價但未參與申購，或實際申購數量明顯少於報價時擬申購數量的投資者，發行人和主承銷商應在配售結果中列表公示。

發行人、主承銷商、參與網下配售的投資者及相關利益方存在維護公司股票上市后價格穩定的協議或約定的，發行人應在上市公告中予以披露。

五、加大監管執法力度，切實維護「三公」原則

（一）保薦機構與發行人簽訂發行上市相關的輔導協議后，應及時在保薦機構網站及發行人註冊地證監局網站披露對發行人的輔導工作進展；輔導工作結束后，應對輔導過程、內容及效果進行總結並在上述網站披露。

（二）進一步提高信息披露質量。以投資者的決策需要為導向，改進信息披露內容和格式，突出披露重點，強化對發行人主要業務及業務模式、外部市場環境、經營業績、主要風險因素等對投資者投資決策有重大影響的信息披露要求。使用淺白語言，提高披露信息的可讀性，方便廣大中小投資者閱讀和監督。

（三）在發審會前，中國證監會將對保薦機構、會計師事務所、律師事務所等相關仲介機構的工作底稿及盡職履責情況進行抽查。

（四）強化發行監管與稽查執法的聯動機制。從申請文件被行政受理時點起，發行人及其董事、監事、高級管理人員及相關仲介機構即需要對申請文件的真實性、準確性、完整性承擔相應的法律責任。審核中發現涉嫌違法違規重大問題的，立即移交稽查部門介入調查。

（五）強化新股發行的過程監管、行為監管和事後問責。發行人和承銷商不得向發行人、發行人董事及高級管理人員、承銷商及上述人員的關聯方配售股票。發行人和承銷商不得採取操縱新股價格、暗箱操作或其他有違公開、公平、公正原則的行為；不得採取勸誘網下投資者抬高報價但不向其配售股票的行為；不得通過自主配售以代持、信託持股等方式向其他相關利益主體輸送利益或謀取不正當利益。中國證券業協會應制定自律

規則，規範路演推介、投資價值分析報告披露、承銷商自主配售等行為，加強行業自律管理。

（六）證券交易所應進一步完善新股上市首日開盤價格形成機制及新股上市初期交易機制，建立以新股發行價為比較基準的上市首日停牌機制，加強對「炒新」行為的約束。

（七）發行人上市后，保薦機構應嚴格依法履行持續督導職責，督促發行人履行有關上市公司規範運行、信守承諾和信息披露等義務，審閱發行人信息披露文件及發行人向中國證監會、證券交易所提交的其他文件。持續督導期內，保薦機構應按規定公開披露定期跟蹤報告；發行人出現重大變故或事件，保薦機構應按規定公開披露臨時報告。持續督導期結束后20個工作日內，保薦機構應撰寫督導工作報告，在中國證監會指定網站披露，並就督導工作未盡事宜作出安排。持續督導責任落實不到位的，依法追究保薦機構責任。

（八）發行人上市當年營業利潤比上年下滑50%以上或上市當年即虧損的，中國證監會將自確認之日起即暫不受理相關保薦機構推薦的發行申請，並移交稽查部門查處。發行人在招股說明書中已經明確具體地提示上述業績下滑風險、或存在其他法定免責情形的，不在此列。

上市公司涉嫌詐欺上市的，立案查處時即採取措施凍結發行人募集資金專用帳戶。

（九）進一步加大對發行人信息披露責任和仲介機構保薦、承銷執業行為的監督執法和自律監管力度。建立和完善中國證監會保薦信用監管系統、中國證券業協會從業人員自律管理系統與證券交易所信息披露系統之間的信息共享和互通互聯，方便社會公眾參與監督，強化外部聲譽和誠信機制的約束功能。發行人及其董事、監事、高級管理人員未能誠實履行信息披露義務、信息披露嚴重違規、財務造假，或者保薦機構、會計師事務所、律師事務所等相關仲介機構未能勤勉盡責的，依法嚴懲。

國家圖書館出版品預行編目(CIP)資料

中國新股詢價制下IPO定價相關問題研究 / 張劍 著. -- 第一版.
-- 臺北市：崧博出版：崧燁文化發行, 2018.09

　面　;　公分

ISBN 978-957-735-496-9(平裝)

1.股票投資 2.中國

563.53　　　　　107015377

書　名：中國新股詢價制下IPO定價相關問題研究
作　者：張劍 著
發行人：黃振庭
出版者：崧博出版事業有限公司
發行者：崧燁文化事業有限公司
E-mail：sonbookservice@gmail.com
粉絲頁　　　　　　網　址
地　址：台北市中正區重慶南路一段六十一號八樓815室
8F.-815, No.61, Sec. 1, Chongqing S. Rd., Zhongzheng Dist., Taipei City 100, Taiwan (R.O.C.)
電　話：(02)2370-3310　傳　真：(02) 2370-3210
總經銷：紅螞蟻圖書有限公司
地　址：台北市內湖區舊宗路二段121巷19號
電　話:02-2795-3656　　傳真:02-2795-4100　網址：
印　刷：京峯彩色印刷有限公司（京峰數位）

　　本書版權為西南財經大學出版社所有授權崧博出版事業有限公司獨家發行
　　電子書繁體字版。若有其他相關權利及授權需求請與本公司聯繫。

定價：350 元
發行日期：2018 年 9 月第一版
◎ 本書以POD印製發行